普通高等教育“十二五”规划教材
全国高职高专规划教材·公共课系列

大学生社交口才实践教程

主　编　金常德
副主编　李　南　闫　肃
参　编　赵　莉　刘世立

内 容 简 介

本书以高职高专学生为主要对象并兼顾本科学生，精选了称呼、寒暄、介绍、交谈、致谢、道歉、赞美、批评、说服、拒绝、提问、应答、拜访、接待、电话交流、即兴演讲、求职面试等17个常见社交实践情境，进行社交口才能力的实践训练，培养学生职业生涯所需要的社交口头交际能力。本书在内容和体系上打破常见的演讲与口才类教材的编写模式，编写理念强调职业性，内容设置强调适用性，体例设计强调操作性，并特别注意90后学生活泼好动、精力充沛、喜欢表现、愿意参与的特点，注重从形象思维入手，从激发兴趣入手，从鼓励参与入手，追求行文表现的活泼性，案例选择的新鲜性，能力训练的亲近性。

本书适合作为职业院校各专业公共基础课或素质教育通识课教材，也可作为本科院校各专业相关课程教材，还可作为社会读者学习和工作的参考用书。

图书在版编目(CIP)数据

大学生社交口才实践教程/金常德主编.—北京：北京大学出版社，2013.4
(全国高职高专规划教材·公共课系列)
ISBN 978-7-301-15657-5

Ⅰ.①大… Ⅱ.①金… Ⅲ.①口才学-高等职业教育-教材 Ⅳ.①H019

中国版本图书馆CIP数据核字(2013)第044304号

书　　名：大学生社交口才实践教程
著作责任者：金常德　主编
策 划 编 辑：温丹丹
责 任 编 辑：温丹丹（wddan@sina.com）
标 准 书 号：ISBN 978-7-301-15657-5/G·2656
出 版 发 行：北京大学出版社
地　　址：北京市海淀区成府路205号　100871
网　　址：http://www.pup.cn　　新浪官方微博：@北京大学出版社
电 子 信 箱：zyjy@pup.cn
电　　话：邮购部62752015　发行部62750672　编辑部62765126　出版部62754962
印　刷　者：三河市北燕印装有限公司
经　销　者：新华书店
787毫米×1092毫米　16开本　11.25印张　257千字
2013年4月第1版　2013年4月第1次印刷
定　　价：24.00元

前　言

《大学生社交口才实践教程》是北京大学出版社组编的全国高职高专规划教材·公共课系列教材之一。

在注重学生就业技能培养的同时，加强对学生的可持续发展能力的培养，已经成为高职高专教育界的共识。社交口才能力的培养是学生可持续发展能力培养的一个重要内容，因为一个人的职业生涯中永远离不开与他人的口头交际。实践证明，一个人的职业生涯成功，其口头交际能力是一个重要的前提、工具和指标。有鉴于此，我们编写了这本以高职高专院校学生为主要对象、适当兼顾本科院校学生的公共课教材——《大学生社交口才实践教程》，并试图做出我们的一些探索。如今同类教材的版本已经出版了很多种，本教材在编写过程中努力追求和强调以下几个特色。

第一，编写理念强调职业性。一是以学生今后从业可能接触的职业常见社交实践情境为切入点，使教材具备亲切性，通过教材建设和课程教学努力改变许多学生"口才无用"的观念；二是凸显职业教育教学特色与要求，不强调传统意义上的理论体系性，大量删减或弱化繁冗的理论介绍，突出实践能力的训练，丰富教学案例和实践训练素材，基本知识介绍注重实用性，实践情境能力训练追求有效性，努力实现"教学做"的一体化。

第二，内容设置强调适用性。本教材有针对性和选择性地介绍了 17 个社交活动情境下运用口才沟通的基本技巧，主要包括称呼、寒暄、介绍、交谈、致谢、道歉、赞美、批评、说服、拒绝、提问、应答、拜访、接待等，改变了以往演讲与口才类教材内容过于宽泛、介绍过于专业的情形。同时，以附录的形式适当拓展介绍了主持会议、商务谈判等活动中的口才运用常识。对于目前绝大数教材普遍介绍的普通话基础、演讲、辩论等理论知识和能力训练则予以省略。

第三，体例设计强调操作性。本教材以提升学生应用能力为目标，改变传统教材章节式结构，由一个个职业实践情境来组成，便于教学中根据实际进行剪裁与组合。同时以"项目引领，任务驱动"来构建每个实践情境，每个实践情境由"实践提示"、"实例点击"、"实践方法指导"、"实践强化训练"等部分构成，使教材能够更好地为课程教学提供设计框架和空间。

另外，在编写中特别注意 90 后学生活泼好动、精力充沛、喜欢表现、愿意参与的特点，注重从形象思维入手，从兴趣激发入手，从鼓励参与入手，保证教材行文表现的活泼性，案例选择的新鲜性，能力训练的亲近性等。

本教材为各专业相关的公共课而编写，编写中努力把教材编写得篇幅更薄一些，但容量"更厚"一些。建议教学中每周（2 学时）可以选择一个实践情境来组织学习与训练，不强调面面俱到，但追求富有实效。

本教材在编写过程中,参阅了大量的相关书籍、报刊及网络上的已有成果,特别是最新的研究成果,而且使用、引录、改编了其中的优秀案例或训练素材。在此,谨向相关作者表示衷心的感谢!探索口才类教材编写的新思路与口才类课程教学的新路径是我们共同的心愿!

本教材由金常德担任主编,李南、闫肃担任副主编,赵莉、刘世立参编。全书由金常德提出编写思路,制定编写大纲,设计编写体例。具体编写分工如下:刘世立编写实践情境1～6,金常德编写实践情境7～12,李南编写实践情境13～16,赵莉编写实践情境17和附篇A、B,闫肃编写附录C。金常德负责全书的统稿,在统稿过程中,对全书的内容、行文等进行了修改、调整和完善。

限于编者的学力、视野和时间,本教材难免存在错漏,恳请使用本教材的广大师生和社会读者提出宝贵的意见和建议,以便修订时进一步改进和完善。谢谢!

编　者

2013年2月

本教材配有教学课件,如有老师需要,请加QQ群(279806670)或发电子邮件至zyjy@pup.cn索取,也可致电北京大学出版社:010-62765126。

目　录

实践情境1

称 呼

实践提示

在社交实践中,交际通常自称呼而始。在交际的过程中,称呼不仅是关键之点,而且也是起始之处,应该说它是人际交往的一个重要开端。交际双方见面时,如何称呼对方,这直接关系到双方之间的远近亲疏、了解程度、尊重与否及个人修养等。一个得体的称呼,会令彼此如沐春风,为以后的交往打下良好的基础;而不恰当或错误的称呼,可能会令对方心理不悦,影响到彼此的关系乃至交际的成功。尤其是职场新人,很多人都曾经为称呼困扰,如何不使自己显得鲁莽?如何让大家都不觉得别扭?如何避免"病从口入"?确实需要好好琢磨琢磨。

实例点击

小雅的尴尬

小雅的顶头上司长小雅两轮,一直以和小雅父亲是同辈人而自居。尊重领导当然也应尊重领导的家人,所以对未曾谋面只在电话里联络过的领导太太,小雅向来称其为阿姨。事实上这位"阿姨"小领导十来岁,还不到四十,相貌很年轻,单位里的其他人都叫她"张姐"。

有一年春节期间的一天,小雅带着还在上幼儿园的儿子,和领导太太在街上碰了面。小雅的儿子第一次见到领导太太,该如何让孩子与长辈打招呼呢?小雅犯了难。她想,无论如何不能和儿子同时管她叫"阿姨"吧?犹豫了一下小雅对儿子说:"叫奶奶。"于是,儿子礼貌地叫了领导太太一声"奶奶",只见领导太太的脸上一阵红一阵白,一边不自然地答应着,一边偷眼看领导,还把手伸进了兜里,迟疑着要不要给小雅儿子压岁钱……

那一天,小雅几乎是带着儿子落荒而逃的,说不定这是领导太太第一次被人称为"奶奶"……直到几年后小雅带着儿子和领导太太再一次碰面,小雅才有机会纠正自己的过失。儿子在小雅的提示下大声地叫了声"阿姨",领导太太也满面笑容地答应了,于是大家谈笑风生皆大欢喜。给领导太太之前带来的尴尬是弥补上了,小雅却莫名其妙地给自己降了一辈儿,从此就和儿子平起平坐……

分小组讨论:小雅在称呼上到底存在什么问题导致自己很尴尬?

【5分钟后分别请几个小组的同学代表到台上来陈述自己小组的见解。】

实践方法指导

一、称呼的实施基础

1. 深入了解称呼的作用

(1) 表示尊重身份

在人际交往中,尊重为本,使用尊称意在向别人表示敬意。当你向别人表示尊重和友善的时候,基本的要求就是对对方使用尊称。比如,面对一位老人,你可以叫他“老先生”、“老人家”,大家都会觉得这是一种约定俗成的尊称。

(2) 表示拉开距离

称呼意味着一种距离,它反映着人与人之间亲密关系的程度。比如夫妻、恋人之间,往往就不一定使用正式的称呼,有时甚至一声“哎”,一切尽在不言中;但若面对外人,对一个异性喊“哎”,则会给人暧昧的感觉,也容易让人产生误解。同样,面对同一个人,也会因环境氛围的变化而有所不同。在不同的情况下使用不同的称呼,往往表示着人际距离的不同。

2. 准确把握对方的身份

称呼的前提是对称呼对象身份的准确把握。一般情况下,与亲人、熟人之间交往,称呼的把握相对比较容易。而与陌生对象的交往,第一眼往往要立足于对方的年龄、衣着、行为、神态、语言等因素来做初步的判断,然后选择常规性的称呼。如果无法准确判断对方身份,最好是以敬重的称呼询问对方,会赢得对方的好感。

参考案例

某置业服务大厅里,刚入职的李丽正在跟置业经理刘亚聊天,这时候一个秃顶戴眼镜的中年顾客走了进来。李丽看他像是有文化的人,打算去招呼他,但是又不知道怎样称呼才让他高兴,称他先生还是老板?哪个更能打动他,先生是通称,老板有点俗,对,称他教授。但李丽又不知道他是不是真教授,怎么办?于是她低声问刘亚:怎么称呼这位顾客?刘亚在她耳旁小声说了几句……李丽主动向顾客迎了上去,以恭敬崇拜的表情问他:先生,请问您应该是大学教授吧?顾客脸上露出了不易察觉的微笑:你好,我姓张,我是做……

二、称呼的基本原则

1. 尊重他人

称呼他人首要的一点就是对人要尊重,要抱有一种善意。不管双方处于一种什么样的关系和地位,即使双方感情并不怎么好,关系并不十分融洽,在称谓上也要尊重,这是一条最基本的原则。

参考案例

小菲进入单位的第一天，领导带她认识部门新同事时，她非常恭敬地称对方为“老师”，不少同事欣然接受。当领导带她来到一个女同事前，告诉小菲试用期内由这位女同事带着她工作，小菲更加恭敬地叫了一声“老师”。这位女同事连忙摇头：“大家同事，你可别叫我老师，直接叫我名字就可以了。”小菲觉得叫姓名不尊重，叫老师对方可能又觉得生疏……

专家建议除了在学校，一般情况下，最好不要把有资历的同事称为“老师”。新人刚到单位，不要冒冒失失随便按照自己的想当然来称呼对方。对方要求你直呼其名，作为一个新人最好不要那样叫。单位同事之间的称呼都有惯例，作为新人最好多向年纪大一点的同事请教，或者留心听听别人怎么称呼，才不至于因称呼不当引起反感。

2. 符合特点

称呼必须符合对方的年龄、性别、身份和职业等特点。对年长者称呼要借助欢乐的声调、热情的笑容和谦恭的体态等表示你尊重的情感；对同辈则态度诚恳、表情自然、亲切友好，体现出你的坦诚；对年轻人要注意慈爱谦和，表达出你对他的喜爱和关心的态度；对有较高职务或职称者，要称呼其职务或职称。

【关键提示】

与人交谈时，称呼对方要加重语气，称呼完了停顿一会儿，然后再谈要说的事，这样能引起对方的注意，他会认真地听下去。如果称呼得很轻又很快，不仅让对方听着不太顺耳，还会听不清楚，就不会引起听话者的兴趣，让人感觉你不太注重对方的姓名，而过分强调要谈的事情。

3. 符合习惯

如果在同一场合有很多人，就应按一定顺序打招呼。群体中有长辈、年轻人或异性等，打招呼的顺序应当遵循以下原则。

（1）由尊而卑

即称呼多人时，应当自地位、身份较高者开始，自高而低，按顺序依次进行，切不可不分主次，随随便便，更不能尊卑顺序颠倒着称呼。

（2）由疏而亲

即若被称呼的多名人士与自己存在亲疏之别，为避嫌疑，一般应当首先称呼其中与自己关系生疏者，然后再称呼其中与自己关系亲近者。

（3）由近而远

即不便细分多名被称呼者的尊卑、亲疏时，那么则不妨以对方距离自己具体空间位置的远近来进行，即先称呼距离自己最近者，然后再依次称呼距离自己较远者。

（4）统一称呼

即在某些特殊情况下，对多名称呼者不必一一称呼，或者不便一一称呼时，则可采用统一称呼对方的方式作为变通。例如以“诸位”、“各位来宾”、“女士们，先生们”等方式直接称呼对方。

参考案例

1972年，周恩来总理在欢迎美国总统尼克松的招待会上是这样称呼的：“总统先生，尼克松夫人，女士们，先生们，同志们，朋友们！”这种称谓客气、周到而又出言有序，体现出了总理外交家的风度，给人们留下了深刻的印象。

4. 区分场合

在称呼的具体使用过程中，一定要区分场合。在不同的场合，应该采用不同的称呼，在党政事业单位内，大家通常互称“同志”。但是在国际交往中，面对外国友人的时候，就不能称呼人家为“同志”，而应该称呼为“总理”、“部长”、“先生”等，以示场合有别、身份有别。

5. 入乡随俗

在使用称呼的时候，还要考虑入乡随俗的问题。倘若习俗不一样，称呼往往不大一样。比如中国人对于妻子有不同的称呼，在家里可以叫“孩子他妈”、“娃他娘”，同事朋友面前可以称呼“老婆”，正式场合可以称呼“夫人”，军队里面称作“家属”。还有传统一点的喜欢称呼妻子为“爱人”，但是在欧州、美国、日本、韩国等国家，“爱人”这种称呼是不能随便使用的，因为“爱人”在那里的意思是“情人”。

6. 就高避低

在社交场合，称呼对方行政职务或职称时，往往要就高不就低。比如，称呼李姓副处长，往往称其为“李处长”，称呼张姓副总经理，可以称呼其为“张经理”，称呼王姓副教授，可以称其为“王教授”。称呼对方时带“副”字，往往会让对方觉得尴尬，而去掉这个字，则满足对方的尊重需求。

三、称呼的常见类别

1. 职场上常用的称呼

（1）行政职务称呼

行政职务称呼多在较为正式的活动，如政府活动、公司活动、学术活动中使用，比如“李校长”、“王局长”、“何总经理”、“刘董事长”，这些都是我们所称的行政职务，即官衔。

参考案例

刘师傅年近60岁,工作经验丰富,在同事中的口碑也不错,但职位却仍处于一般。胡经理比他后入职很多年,年纪也不大,还曾经跟刘师傅做过学徒。两个人每次碰面都有些不自在,刘师傅有时候在称呼上加上“胡总”这样的尊称时,总让人感觉他是在说反话,话里带着刺。后来刘师傅认为自己年纪也不算小了,也即将退休,索性就直接以“小胡”来称呼胡经理。其实,在单位绝对不能称呼自己的上司为“小王”、“小张”,如果这样,你的上司在其他员工面前就没有威信。职场上,总经理就是总经理,员工就是员工,分派工作、检查工作等,都是职业化的分工。

(2) 技术职称称呼

对于有专业技术职称的人,可用职称相称,比如“李总工程师”、“王会计师”、“张律师”、“马主编”等。称呼时带技术职称,说明被称呼者是该领域内的权威人士,暗示他在这个方面是说了算数的人。

(3) 学术头衔称呼

学术头衔跟专业技术职称不太一样,是一个技术含量较高的头衔,比如按学术头衔区分,医生有“主任医师”、“副主任医师”、“主治医师”等,大学教师有“教授”、“副教授”、“讲师”、“助教”等。这类称呼,能够体现他们的专业技术水平和学术水准。

【关键提示】

初次与人见面或谈业务时,一般要称呼“姓氏+职务(职称)”,要一字一字地说得特别清楚,以显示尊重。与对方熟悉之后,也千万不要因此而忽略了对对方的称呼,一定要坚持称呼对方的“姓氏+职务(职称)”,尤其是有其他人在场的情况下。

(4) 行业称呼

在工作交往中,如果只了解对方的行业身份,而不了解对方具体的职务、职称情况,就得使用行业称呼,比如“解放军同志”、“警官”、“大夫”等。

(5) 泛尊称

泛尊称就是指对社会各界人士,在较为广泛的社交面中,不知道对方姓名、身份的情况下都可以使用的表示尊重的称呼。例如,称呼未婚女孩子可以叫“小姐”,称呼已婚女性可以叫“夫人”或“太太”,可以称呼男士为“先生”。从某种意义上来讲,除了性别差异之外,这些称呼都可以以不变应万变。

2. 生活中常用的称呼

(1) 对亲属的称呼

家庭内部成员之间的交谈,往往用爱称或昵称;在与外人交谈时,对自己亲属的称呼应当采用谦称,对他人亲属的称呼要采用敬称。比如称呼自己的父亲,可以称呼为“爸爸”或“爹”,在他人面前谈起自己的父亲可以称呼“家父”,而对朋友、同事的父亲则称呼为“令尊”。

(2) 对熟人的称呼

对熟人的尊称一般包括敬称、姓名称呼和亲近称呼。

① 敬称。对朋友、熟人，可以用人称代词“你”、“您”相称，其中对长辈、平辈可称“您”，对晚辈可称“你”；对有身份的人或年纪大的人，应当称“先生”或“女士”；对某领域内有成就、有身份的人可称“老师”；对德高望重的人可称“公”或“老”，如“秦公”、“谢老”。

② 姓名称呼。平辈的朋友，熟人，彼此之间可以直呼其名，如“王迎”、“李香”、“小柯”；长辈对晚辈也可以这样做，但晚辈对长辈却不能这样。为表示亲切，可免呼其名，在被呼者的姓前加上“老”、“大”或“小”字相称，如“老马”、“大李”、“小杜”。

③ 亲近称呼。对于邻居、至交，可用令人感到信任、亲切的称呼，如“爷爷”、“奶奶”、“大爷”、“大妈”、“叔叔”、“阿姨”等类似血缘关系的称呼，也可以在这类称呼前加上姓氏，如“李阿姨”等。

四、称呼的常见禁忌

1. 不使用称呼

不使用称呼，即称呼他人时根本不使用任何称呼。比如有的问路人往往会没头没脑地走过来说话：“哎，到东大街怎么走啊？”或者医院里有些护士不知道怎么称呼患者，直接叫号，“6 号”、“8 号”、“11 号”，或者叫“下一个”，这样都很容易引起对方不满。

2. 错误地称呼

常见的错误称呼有两种。一是误读，也就是念错姓名，如“仇”、“查”、“盖”等。为了避免这种情况的发生，对于不认识的字，事先要有所准备。如果是临时遇到，就要谦虚请教。二是误会，主要指对被称呼者的年纪、辈分、婚否以及与其他人的关系做出了错误判断，比如将未婚妇女称为“夫人”。

3. 使用不通行的称呼

某些地方性称呼和行业性称呼，有其特定的使用区域或领域，超出使用范围就可能让人产生误解。比如，北京人爱称人为“师傅”，山东人爱称人为“伙计”，但是，在南方人听来，“师傅”等于“出家人”，“伙计”就是“打工仔”。再如，有些人在医院里跟护士打招呼，叫人家“小护士”，在他看来，年轻、可爱的就是“小”；但是在护士小姐的耳里，你叫她“小护士”，她会感到不高兴，感觉你对她有轻蔑、歧视的意思。

4. 使用不高雅的称呼

在人际交往中，有些市井流行的称呼，因其格调不高，在公务场合应当禁止使用。比如，“哥们儿”、“姐们儿”、“瓷器”、“死党”、“铁哥们儿”等这类称呼，在公务场合使用，就显得档次不高。在正式场合，如果采用低级庸俗的称呼，则既失礼，又失自己身份。

5. 使用绰号

对于关系一般者，切勿自作主张给对方起绰号，也不能人云亦云，像“秃子”、“四眼”、“麻秆儿”等带有歧视侮辱性的绰号更不能说出来。另外，不要随便拿别人的姓名开玩笑，要尊重一个人，必须首先学会去尊重他的姓名。

6. 使用简化的称呼

在正式场合，有不少称呼不宜随意简化。例如，把范局长、王处长称为“范局”、“王处”,就显得既不正规,又不礼貌。虽然现在的影视剧中这种称呼很流行,但是在社交实践中还是以回避为好。

7. 使用距离不当的称呼

在接待活动中,若是与仅有一面之缘者称兄道弟,或者称其为“同学”、“战友”、“朋友”、“老板”等,都是与对方距离不当的表现,接待人员应当避免使用此种称呼。

8. 使用易于误会的称呼

因为习俗不同、关系不同、文化背景不同,容易引起误会的称呼平时切勿使用。例如,“同志”一词在我国人际交往中使用会感到很亲切,而在国外,它就不适于使用了,有着特殊意义。

【名人与口才】

• 德摩斯梯尼 •

古代希腊著名演说家德摩斯梯尼从小口吃,讲话讲不清楚,也非常害怕当众讲话,但他立志成为一名演说家。为矫正口吃,使口齿清晰,他将小石子含在嘴里不断地练习说话。据说他曾经把自己关在一个黑屋子里练习,为避免别人打搅,竟将头发剃去一半,成了“阴阳头”,硬逼着自己专心致地志地练习口才。经过 12 年的刻苦磨炼,终于走上成功之路。

实践强化训练

□ 训练 1:称呼情境案例分析与讨论

请分析与讨论下列称呼情境案例中称呼者的“得”或“失”。

◆ **案例 1**

有一位年轻人想要去四方公司办事,走了很长一段路,不知距目的地还有多远,他看见一位老者在前方行走,便跑过去上前询问:“喂,老头,四方公司还有多远啊?”老者抬头望了年轻人一眼,说:“五里。”年轻人大喜,也不道谢,急往前走,可走了很长一段,早就有几个五里了,还是不见四方公司。年轻人不禁骂起老者来……

终于来到四方公司所在的写字间,他走上前问前台秘书小姐:“哎,这是四方公司吗?”小姐不理。这时,有两个客户走来,秘书小姐立即向他们招呼道:“李姐,王哥,我们经理正等着你们呢……”,看到这个情景,年轻人愣在原地,感到既费解又郁闷。

◆ **案例 2**

张林是一名大学辅导员,今年 30 岁,经常与学生打成一片,很受学生喜欢。有一次,两名学生到他家里,恰好碰上张林的爱人也在家,两名学生很尴尬,不知道怎么称呼自己老师的爱人。一会儿,张林听到他俩在小声嘀咕:“是该叫张老师的爱人为‘姐姐’呢?还是叫她为‘师母’呢?”“叫师母多不好听,我觉得该叫她阿姨吧,不过,也不合适啊,她也比咱们大不了几岁啊……”

◆ **案例 3**

一个月前,某大学应届毕业生小明被招聘到某公司市场部。他平时总是称呼本部门的负责人许总监为“许总”。但是有一天,公司管理层召开例会,小明依然习惯性地称呼许总监为“许总”，许总监的脸红一阵白一阵，直朝他使眼色，而他自己却浑然不知……

◆ 案例 4

小蔡是去年被招录到某局的。在这位“80 后”的意识里，似乎没有“上司”和“同事”的概念，她把比她大的男士一律叫“哥”，女士则一律叫“姐”，有同事纠正过她好几次，但她仍不改口。一次，市局要在小蔡单位召开工作会议。开会前一天，领导让小蔡准备会议材料，她一口保证：“哥，这点儿小事，您就放心吧！”第二天，会议如期进行，可她预备的材料却出现了缺页的问题。领导赶紧安排人去补救，会议自然进行得不顺利。会议结束回到办公室，领导把材料摔到她面前：“这就是我对你的放心？”小蔡一脸委屈：“哥，我真的不是故意的。我明明是打完了啊！”当着很多人的面，小蔡如此争辩。领导一听更恼火了：“哥、哥，谁是你哥，以后请注意称谓！办公室不是家庭！你要执意这样，就去别的部门吧！”

◆ 案例 5

小李老家在农村，刚搬进城里住进了楼房。按照以前在农村的规矩，他遇到跟自己父母辈分相同但是比父母年龄大的人，都喊大爷、大娘。有一次，他跟楼上一个比自己妈妈年龄大点、衣着精致的女士张口就喊：“大娘，这是出去啊？”谁知，这位女士愣了愣，扭头看看周围，才发现是喊自己，于是说：“哦，是啊。”笑了笑就从小李身边过去了。

◆ 案例 6

有一位先生为外国朋友订做生日蛋糕。他来到一家酒店的餐厅，对服务员说：“小姐，您好，我要为一位外国朋友订一份生日蛋糕，同时打一份贺卡，您看可以吗？”服务员接过订单一看，忙说：“对不起，请问先生您的朋友是小姐还是太太？”这位先生也不清楚这位外国朋友结婚没有，从来没有打听过，他为难地抓了抓后脑勺想了想，说：“小姐？太太？我这位朋友一大把岁数了，应该是太太。”

生日蛋糕做好后，服务员按地址到酒店客房送生日蛋糕。敲门后，一位女子开门，服务员有礼貌地说：“请问，您是怀特太太吗？”女子愣了愣，不高兴地说：“错了！”服务员小姐丈二和尚摸不着头脑，抬头看看门牌号，再回头打个电话问那位先生，没错，房间号码没错。再敲一遍，门开了，服务员说，“没错，怀特太太，这是您的蛋糕”。那女子大声说：“告诉你错了，这里只有怀特小姐，没有怀特太太！”“啪”的一声，门被大力关上了。

◆ 案例 7

小说《二号首长》中有这样一段故事。主人公唐小舟，因为一次偶然的机遇，以一名省日报记者的身份直接调往省委，成为省委书记的生活秘书。从无秘书经验的他，进入工作岗位后遇到的第一件头疼事，就是怎么称呼自己的领导。只知道有人称他为“首长”，有人喊他“陈书记”，还有人很有默契地叫他“老板”。唐小舟想叫“首长”吧，显得离太远了，公务场合叫“书记”合适；但是自己是生活秘书，私下场合叫他“书记”吧，又显得太正式；直接喊“老板”吧，又觉得自己作为新人一出口就显得别扭。唐小舟很是纠结。

◆ 案例 8

著名传记作家叶永烈在着手写陈伯达传记时准备采访陈伯达，采访时究竟怎样称呼陈伯达，叶永烈颇费了一番心思。采访的前一天晚上，叶永烈辗转反侧：明天见到了陈伯达到底该叫他什么呢？叫他陈伯达同志，不合适，因为陈伯达是在监狱服刑的犯人；叫他老陈，也不行，因为陈伯达已经是 84 岁的老人了，而自己才 48 岁，究竟应该怎样称呼他呢？

突然叶永烈灵机一动——称呼他“陈老”，这是再恰当不过的称呼了。

果然，第二天采访时，叶永烈一声“陈老”的亲切得体的称呼，令陈伯达听了感动万分。

□ 训练2：称呼情境模拟演练与体验

请分角色扮演模拟演练与体验下列的称呼情境。

◆ *演练与体验 1*

请全班同学分成若干小组，每组设计一个小情景剧，可以是陌生人途中偶遇，可以是家庭拜访，或者宴会等，自拟人物身份，演示如何称呼对方。

◆ *演练与体验 2*

请分组模拟演练职场上常见称呼的使用，如行政职务称呼、技术职称称呼、学术头衔称呼等。

◆ *演练与体验 3*

请分组模拟演练生活中常见称呼的使用，如对亲属的称呼、对熟人或朋友的称呼等。

◆ *演练与体验 4*

小刚和部门罗总经理共事3年，一直搭档不错。可是最近由于罗总经理的一次工作疏忽给公司造成比较大的经济损失，导致公司最高层决定撤掉部门总经理的职位，具体安排什么新岗位还需要公司最高层研究后决定。在此期间，新的部门总经理到岗。小刚作为罗总经理的老手下，觉得如果称罗总经理原来的职位，新的总经理听到后会不高兴；如直接叫罗经理姓名，罗经理刚刚进入职业低潮，会让他觉得小刚为人太势利。小刚进退两难，尤其是在新旧经理同时在场时更尴尬。你认为小刚应当怎么做才合适，请分组模拟演练。

口才金言

一个人怎么说话，说什么话，毫无例外地显示着他的品位。

——希尔顿

实践情境2

寒　　暄

实践提示

在社交实践中，不管是偶遇熟人，还是初次与陌生人见面，人们总避免不了要与对方寒暄几句。这是一种礼节上或情感上的互酬互通行为，它本身不正面表达特定的意义，但它却是在任何人际交往中不可缺少的。在社交活动中，寒暄能使不相识的人相互认识，使不熟悉的人相互熟悉，使沉闷的气氛变得活跃。尤其是初次见面，几句得体的寒暄语，会使气氛变得融洽，会使两个人感觉相见恨晚，从而有利于顺畅地进入正式交谈。这样，寒暄就由交往的表示升华为交往的开场白。由于寒暄语主要用于联络感情，以此肯定友情的维系和加强，如何把握寒暄的尺度，则是需要一门掌握的交际艺术。

实例点击

小吴的寒暄

小吴有一次到财务处去转款，人很多，新来的年轻女出纳忙个不停。

小吴一见到这位漂亮的女出纳，就禁不住心生爱慕，心想：这女孩真美，如何跟她搭上话，让她记住我呢。经过观察，小吴发现了她的优点。轮到他填转款单据时，他边看她写字边寒暄道说："你的字写得真好看。"女出纳吃惊地抬起头，脸红红地说："哪有哇，还差得远呢。"小吴说："真的啊，跟咱们一样的年轻人，多半都是大学生的学历文凭，小学生的写字水平，能写得这么一手好字的，确实不多见。"之后，他又诚恳地说："真的很好，你大概练过字帖吧。"女出纳说："是的。""我的字写得一塌糊涂的，能把你用过的字帖借给我练练么?"女出纳爽快地答应了，并跟小吴约好下午到办公室来取。渐渐的，两个人有了感情，并最终结成良缘。

分小组讨论：小吴的寒暄给了你什么启发?

【5分钟后分别请几个小组的同学代表到台上来陈述自己小组的见解。】

实践方法指导

一、寒暄的常见类型

1．问候式寒暄

比较常见的问候式寒暄有："你(您)好"、"你(您)早"、"早上好"、"上午好"、"早安"、"下午好"、"午安"、"晚上好"(约 18 点至睡前)、"晚安"(临近对方睡觉时)。若是比较熟的人,则可以适当作这样一些寒暄："好久不见,最近在忙些什么?""你今天的气色不错啊。""最近你的身体好些了吗？这几天天气热,多注意休息。"这类话语有时并无太多的实际意义,只是表示一种礼貌和关怀。

2．聊天式寒暄

聊天式寒暄即采用类似于聊天的寒暄方式,特别是陌生人之间见面,一时难以找到合适的话题,就会说类似于"今天的天气真不错"、"今天的天气真冷"、"街上的人真多"之类的无关紧要又不让人生厌的话,来打破拘束的场面。这种寒暄的方式容易拉近人与人之间的距离,无论是陌生人还是熟人之间,都可以采用这种方式。

3．赞美式寒暄

每个人都需要别人的肯定和承认,需要别人诚心诚意的赞美,赞美式的寒暄能够使对方心情愉快,感觉良好,营造出一种和谐气氛。在与人交谈时,就对方的衣着、气色、学业、工作、孩子等话题适时地称赞对方是非常有必要的。当然,赞美要实事求是,多余的恭维、吹捧,反而会引起对方的不愉快,拉大彼此的距离。

4．应变式寒暄

应变式寒暄就是根据见面的具体场景,以身边的人和事为话题,见机行事,正所谓"见什么人说什么话"、"到什么山唱什么歌"。例如,宴会上你可以说"今天的晚餐很丰盛",在朋友家中可以说"这房间布置得很有特色",当有人为你捡起你掉下的东西时可以说"非常感谢"、"有劳你了"等。

也可以根据对方的特点来寻找一些即兴寒暄的话题,如看见对方做什么、做完什么、将要做什么,就以其作为寒暄话题。譬如"买菜呀?""上课了?""上街呀?""哟,浇花呢?""李总,您可真够忙的。""这么晚才吃饭呀?""啊,你们一家子都在一起,真热闹!"等。

还可以以对方感兴趣的事作为寒暄语。例如,若知道对方喜欢音乐,你不妨先与他谈谈贝多芬、莫扎特,谈谈流行歌曲、当红歌星等。只要你对音乐略知一二,彼此很快就会有共同的话题,就会由寒暄进入攀谈。如果你对音乐不在行也不要紧,可以趁机向对方求教,这样既显示你谦逊有礼,又可学到音乐知识。

参考案例

美国电影《丛林历险记》有这么一段情节：彼此陌生的男女主人公坐在火车上，看得出，这位仁兄对坐在对面的女士颇有好感，于是他开始没话找话："小姐，请问去哪里？你没带行李，估计不是出来旅行的吧。"女士回答："我去菲尔德镇，没必要带行李。""哦，菲尔德镇，那可是个风景优美的好地方，难道不是么？"女士笑着点了点。那位先生又说："对了，车站边的那个咖啡馆还在么？一年前我去过一次，那儿的咖啡味道真是棒极了！"女士回答："是的，我周末也常去那里，气氛挺不错，布置得也很有情趣。"就这样，双方从一个小镇谈到咖啡、共同的爱好、对方的姓名、生活经历等，待女士下车时，彼此成了一对依依不舍的朋友。可见，与他人寒暄时，一定要留意寻找彼此的共同点，并不断把共同点扩大，对方谈起来才会兴致勃勃，谈话才会深入持久。

5. 谦敬式寒暄

面对长辈、领导、客人时，常用谦敬式寒暄语。如仰慕语言："见到您不胜荣幸！"、"您就是陈老板，真是百闻不如一见啊！"等；拜托语言："请多关照！"、"承蒙关照！"、"拜托！"等；慰问语言："辛苦了！"、"您受累了！"、"您真不容易！"等；同情语言："真难为您了！"、"您受苦了！"等；挂念语言："您现在还好吗？"、"生活愉快吗？"等；祝福语言："一路顺风！"、"一路平安！"等。使用谦敬语，一定要注意对象、范围和功效，要根据不同的情境、针对不同的对象灵活掌握，既要彬彬有礼，又要不落俗套，这样才能使寒暄铺垫出亲切友好的交际气氛。

【小链接】

社交公关人员常用的谦敬式寒暄语

初次见面说"久仰"；很久未见用"久违"；
等候客人用"恭候"；请人勿送用"留步"；
陪伴朋友用"奉陪"；中途先走用"失陪"；
请人批评用"指教"；求人原谅用"包涵"；
请给方便用"借光"；求人指教用"赐教"；
向人道贺用"恭喜"；看望别人用"拜访"；
宾客来访用"光临"；赞赏见解用"高见"；
老人年岁用"高寿"；小姐年龄用"芳龄"。

6. 攀认式寒暄

每个人的社交圈，实际上都是以自己为圆心，以共同点（年龄、爱好、经历、知识层次等）为半径构成的无数的同心圆。共同点越多，圆与圆之间重叠的面积越大，共同语言越多，就越容易引起对方的共鸣。在交际过程中，有时为了找到与对方的共同点，可以用攀认的方式作为寒暄话题，从感情上靠拢对方。在人际交往中，只要彼此留意，就不难发现双方有着这样那样的"亲"、"友"关系，如"老乡"、"同事"、"同学"等。通过攀认式寒暄，交际的双方很快就能找到相同或相似点，增加双方的亲和性，为进一步加深交往奠定良好的基础。

二、寒暄的基本要求

1. 掌握分寸，适宜合度

见面寒暄不但是社会交往的一种手段，而且几句“正中下怀”的寒暄话，也可以避免“话不投机半句多”的现象，但是寒暄的分寸却是需要恰当掌握的。这里所提出的掌握分寸、适宜合度既有量的方面的要求，同时也有质的方面的要求。所谓量的方面的要求是指寒暄语的使用不宜过度，能三言两语，决不长话连篇；能够精练，决不拖沓，虽然可以随意，但切忌漫无边际，以免令人扫兴或产生不好的印象，妨碍交往的深入进行。所谓质的要求是指寒暄过程中不能言不由衷，更不能一味吹捧夸大，特别是对仰慕敬重型寒暄语的运用尤其要注意，以免产生物极必反的效果，使对方感到受到讥讽或挖苦。

2. 注重场合，谨慎用语

任何语言的使用都要注意语境的要求，这里所说的语境主要是指语言使用的空间和时间。在庄重的场合，寒暄应该与环境保持一致，要热情但不失庄重；而在轻松的场合，寒暄则要本着轻松但又不流入庸俗的原则。在不同的地方使用不同的寒暄语，如拜访时要表现出谦和，不妨说一句“打扰您了！”；接待来访时应该表现出热情，可以说一句“欢迎！”在日常生活中，常有由于寒暄不当而产生尴尬的情形，这在人际交往活动中要尽量避免。另外，除非关系特别亲密，也不宜打听对方的私事，如“你们俩口子怎么昨晚又吵架了？”这类寒暄是社交场合中十分忌讳的。

3. 考虑对象，选择措辞

交往对象不同，寒暄的选择也应当有所差别。在这一点上要具体考虑这样几种因素。

(1) 年龄的差别

一般来说，如果交往双方在年龄上有明显差别，那么在寒暄的过程中，年轻者要表示敬重，而年老者要表现出热情谦虚。

(2) 亲疏的界限

交往双方如果是已经非常熟悉的人，那么不妨在寒暄时更加随意轻松一些为好；反之若初次见面，就应该显得庄重一些。

(3) 性别的不同

男性与女性在交往时，寒暄应该特别注意，不适合于女性的语言一定要避免使用。例如，过去人们在见面时，常喜欢用“你又长胖了”的话作为恭维或寒暄，但这用在女性身上是不合适的。另外，同女性寒暄时虽然不一定要故作严肃，但是谈论轻松、幽默的话题时要注意格调高雅，掌握分寸。

(4) 文化背景的差异

语言具有民族性，这不仅表现在语音、语调上，还体现在语言使用的习惯和表达的文化内涵上。不同民族、不同国家在寒暄这一语言环节上也有着明显的差异。如中国人在寒暄时喜欢以关切的语调询问对方的饮食起居、生活状况、工资收入、家庭情况等，但在西方国家这些内容却是彼此交谈的禁区。同样，在中国文化环境中不适合运用的寒暄则可能在其他一些文化环境中得到认可或普遍使用。

参考案例

下面是中美建交在北京秘密谈判期间，周恩来总理接待基辛格一行见面时的寒暄实录。

时间：1971年7月9日16时30分。

地点：钓鱼台国宾馆六号楼客厅门口。

背景：基辛格秘密访华，接待现场严肃拘谨，气氛冷峻，连握手也是例行公事的、礼貌性的。这是两国相隔二十多年后第一次高层见面。

周恩来总理还没走到基辛格的跟前，基辛格就特意把手伸了过去，动作有点僵硬。周恩来总理立即会意地微笑了，伸出那只不能伸直而有点弯曲的右手和基辛格握手，寒暄开始了。

周恩来总理友好地说："这是中美两国高级官员二十多年来第一次握手。"

基辛格立即说："遗憾的是这还是一次不能马上公开的握手。要不然，全世界都要震惊。"

随后，基辛格介绍随员。

基辛格先介绍第一个大个子："约翰·霍尔德里奇。"

周恩来总理握着他的手说："我知道，你会讲北京话，还会讲广东话，广东话连我都讲不好，你是在香港学的吧？"（周恩来总理曾经在广东担任黄埔军校政治部主任，这是他在广东住的最长的一段时间。约翰·霍尔德里奇曾在二战中在香港任职。）

——"理查德·斯迈泽。"

——"我读过你在《外交季刊》上发表的关于日本的论文，希望你也写一篇关于中国的哟。"

——"温斯顿·洛德"，洛德没等基辛格开口就自报姓名。

——周恩来总理握着洛德的手摇晃着："小伙子，好年轻，我们该是半个亲戚，我知道你的妻子是中国人，在写小说吧，我愿意读到她的书，欢迎她回来访问。"

——"雷迪和麦克劳德。"（美国特工人员）

——"你们可要小心哟，我们的茅台酒会醉人的，你们喝醉了，是不是要回去受处分呀？"

三、寒暄的常用技巧

1. 态度积极，主动问候

寒暄是表达"我尊重你的存在，向你敞开心扉"的意思，虽然寒暄时的用语因个人的文化和习惯而有所差异，但寒暄中"露出笑脸"、"主动打招呼"是普遍的准则。一般说来，外出办事的人应当主动问候，售货员对顾客应当主动打招呼，晚辈遇上长辈应当主动问候。上级对下级最好采取积极态度，主动打招呼，这样能表现出上级对下级的热情关怀，也是领导者优良作风的表现。

2. 多人寒暄，照顾周到

应酬不仅仅是双项的，有时是多项的。因此，遇到多人寒暄时，不能只顾及其中一两个人，而把其他人撇在一边。如果一走而过，可把“你好”改为“你们好”；如果停下来攀谈几句，经过介绍，也要热情问候，说些“认识你们很高兴”之类的话；如果对方领着或抱着小孩，可以问问小孩儿的年龄或夸上几句等。

3. 善选话题，引发认同

寒暄的话题应该是既表现对于他人的关心，使对方感到温暖，又能使对方乐于谈及、较易回答的问题，如“你的工作忙吧？”、“老人家身体可好？”、“孩子学习还可以吧？”、“最近忙些什么？”等，避免涉及三言两语无法谈完的话题，绝对不能触及对方的隐痛。而同时遇到多个人，寒暄时可巧借话题，引发大家认同。例如，早上到办公室里，你看到一个同事穿了一件新衣服，说：“哎，大家快来看啊，××穿了件新衣服是不是很漂亮啊？”这样既达到了寒暄的目的，也引发了大家的认同；同时，也为这位新买衣服的同事宣传了一番，你会因此得到她的好感。

参考案例

被美国人誉称为“销售权威”的霍伊拉先生，一次要去梅依百货公司拉广告，他事先了解到这个公司的总经理会驾驶飞机。于是，他在和这位总经理见面互做介绍后，便随意说了一句：“您在哪儿学会开飞机的？”一句话，触发了总经理的谈兴，他滔滔不绝地讲了起来，谈判气氛显得轻松愉快，结果不但广告有了着落，霍伊拉还被邀请去乘了总经理的自用飞机，和他交上了朋友。

4. 求同存异，避免争执

在与陌生人寒暄时，因为彼此并不了解对方在宗教、信仰、政治、意识形态方面的观点，即便谈到了共同的话题，也要注意说话委婉，要做到求同存异，不要急于表露反对性的观点，更需要避免与人争执，使接下来的谈话走向与初衷相反的境地。

参考案例

江苏某企业的总经理和一位台商做生意，准备签一份金额达200万元的合同。两人见面寒暄时，谈到了美国“9·11”事件，谈到本·拉登。两个人因看法不同而争吵起来，吵到最后两人不欢而散。结果，200万的合同也就烟消云散了。

5. 区分情况，灵活变通

例如，要根据对象的亲疏、生熟，变化寒暄的言语；要根据时间的早晚，变换寒暄的言语，如“早上好”、“晚安”等；还应当视自己的闲忙决定寒暄语往复次数的多少。熟人间的寒暄，如果经常见面，往往只需一句话、一个招呼（甚至一个眼神，一个微笑，一个手势）；如果久不见面或与陌生人初次见面，则宜有两三个问答往复的过程。根据场合不同，如果选用不同寒暄语，则表达的感情也不同，例如，在市场上相遇可以说：“你在买菜？”；如在阅览室相遇可以小声地说：“你也来了”。

【小链接】

寒暄之中露底细

日本松下电器公司创始人松下幸之助先生刚“出道”的时候，就曾被对手以寒暄的形式探测到了自己的底细，因而使自己产品的销售大受损失。

当松下幸之助第一次到东京找批发商谈判时，刚一见面，批发商就友善地对他寒暄说：“我们是第一次打交道吧？以前我好像没见过您。”批发商想用寒暄托词，来探测对手究竟是生意场上的老手还是新手。松下先生缺乏经验，恭敬地回答：“我是第一次来东京，什么都不懂，请多多关照。”正是这番极为平常的寒暄答复却使批发商获得了重要的信息：对方原来只是一个新手。批发商接着问：“你打算以什么价格卖出你的产品？”松下又如实地告知对方：“我的产品每件成本是20元，我准备卖25元。”

批发商了解到松下幸之助在东京人地两生，又暴露出急于要为产品打开销路的愿望，因此趁机杀价：“你首次来东京做生意，刚开张应该卖得更便宜些，每件20元如何？”没有经验的松下先生在这次交易中吃了亏。究其原因，是那位老练的批发商通过表面上的寒暄探测到对方的虚实，在谈判中赢得了主动。而松下先生由于在寒暄之中暴露了自身的底细，从而导致了被动与失利。因此，在双方寒暄之时要避免无意之中自身关键信息的泄露。

实践强化训练

□ 训练1：寒暄情境案例分析与讨论

请分析与讨论下列寒暄情境案例中寒暄者的“得”或“失”。

◆ **案例1**

校园里，师生迎面走来。学生低着头，与老师擦肩而过时，匆匆叫了一声：“老师好！”老师当时刚好看到那位学生后面他正要找的同事，他担心那位同事走远，就一边用眼睛看着同事回答了学生一声“好”，一边喊道：“张老师！”

◆ **案例2**

张良和李纲是老同学，长时间没联系了，一天在车站突然相遇：

——好久不见，你老兄气色这么好，看来混得不错呀！

——彼此彼此，你也发福多了。

——最近股票赚了不少吧？

——唉！还说呢，全套牢了。

——噢，太遗憾了！

◆ **案例3**

一天下午，上海电视台的主持人张颖路过某路口，一位老太太走过来对她说：“张颖，你好!"张颖以为遇上熟人了,忙礼貌地回答:"您好!""我是你的观众。"老太太笑着说,"我喜欢你的主持风格,清清爽爽,文文静静,我们当学生时都是那样打扮的。""谢谢!"张颖感动地看着老人。临走时老人又说:"你可不要变哟。"老太太走远后,张颖还忍不住回头张望老太太的背影。

◆ **案例4**

下面是一些常见的寒暄语:

——你这套牛仔装挺合适,看上去特精神!

——你可不像是40岁的人,我看你顶多30岁!

——这是你家的孩子呀,都长这么高了,还挺机灵!

——你的办公室装修得这么简洁,看起来却很有品位,可以想象你应该是一个做事很干练的人!"

——你这么喜欢小动物,一定是个很有爱心的人!

◆ **案例5**

下面是初次见面时的一些寒暄语:

——我出生在××,咱可算得上同乡啦!

——听说你是××大学毕业的高材生,说起来我们还是前后校友呢!

——我曾在你的家乡工作过好几年,我们算是半个老乡呢!

◆ **案例6**

中国人见面喜欢问"吃饭了吗?"说这句话的人根本就没想过请对方吃饭,这只是中国人日常使用的一般问候语。但是,如果遇到一个不懂这句话含义的外国人,那可能就麻烦了,他极有可能把你的话理解为:"要请我吃饭"、"讽刺我不具有自食其力的能力"、"多管闲事"或者"没话找话"。

□ 训练2:寒暄情境模拟演练与体验

请分角色扮演模拟演练与体验下列的寒暄情境。

◆ **演练与体验1**

在路上与自己的任课老师相遇,并与之寒暄。请设计寒暄语并演示。

◆ **演练与体验2**

在图书馆与自己的一名异性同学相遇,并与之寒暄。请设计寒暄语并演示。

◆ **演练与体验3**

一天你逛商场时发现一位营业员好像是你的高中校友,她好像也觉得你面熟,你如何主动和她打招呼?

◆ **演练与体验4**

你去拜访一位名人,进屋之后发现主人家喂了一只小猫。请以此为话题,设计寒暄语并演示。

◆ **演练与体验5**

放暑假了,你坐火车回家,旁边坐着几位年龄、身份、性别不同的陌生人,为消除路途寂寞,你先和他们寒暄几句,使大家都有谈兴。请设计寒暄语并演示。

◆ *演练与体验 6*

西方的年轻女性在第一次听到别人用“你看上去真迷人”、“你真是太美了”之类的语言寒暄时，她们往往会很兴奋，并且很有礼貌地作答。但是在中国的年轻姑娘面前使用这样的寒暄语会怎样呢？请模拟演练并体验。

口才金言

口才是社交的需要，是事业的需要，一个不会说话的人，无疑是一个失败者。

——林肯

实践情境3

介　　绍

实践提示

介绍是交际的桥梁。在社交实践中，我们随时随地都有可能碰到新面孔，结识新朋友，当与陌生人见面时就需要有人为你介绍，或者你为他人介绍。通过介绍，可以缩短人们之间的距离，扩大彼此社交的圈子，促使不熟悉的人们更多地沟通和更深入地了解。得体的介绍犹如精致的语言名片，不仅使彼此建立良好的第一印象，甚至还能让陌生的双方一见如故；如果介绍不当，也可能使双方或一方感到尴尬，造成不快，影响人们之间的进一步交往。在人际交往中，介绍有许多既定的规则和技巧，谁做介绍？谁先介绍？谁后介绍？什么时候介绍最为恰当？介绍的内容又该注意些什么？这些问题通常决定着介绍的成功与否。

实例点击

我就是你说的那个越教越瘦

有一年春节，金正昆教授到一个朋友家里去串门。因为是春节期间，来的客人多，男女主人当时忙着给大家准备饭菜，顾不上招呼客人们，自然也没给大家进行介绍，于是客人们就坐在一块漫无目的地聊天。

有一位年龄在四十多的女士发起了感慨，说："现在爹妈不好当，就这一个宝贝马上要考大学了，这选什么专业可真伤脑筋。"说话的这位女士不认识金正昆，但是边上有个男士认识，于是他就把话往金教授那儿引："你们家那是男孩还是女孩，我觉得男孩和女孩报的专业不太一样。"那女士说："我家是姑娘。"男士说："那你家姑娘要可能的话，报个师范专业或者报个能够当大学老师的专业挺好，当大学老师既有社会地位，又不累，收入还可以……"接着，又讲了很多老师的好话。没想到那个女士听了半天之后说："我们家孩子当什么都行，就是不当老师，老师多辛苦啊，你看那教授，教授教授，越教越瘦的……"说完了之后才问起金正昆："对了，您是干什么的？"金教授清了清嗓子，尴尬地说："我就是你说的那个越教越瘦……"

分小组讨论：结合情境实例谈谈你对社交中介绍的理解。

【5 分钟后分别请几个小组的同学代表到台上来陈述自己小组的见解。】

实践方法指导

一、自我介绍的技巧

1. 自我介绍的时机

在交际场合，如果希望与陌生人结交而又没有第三者引荐时，或者在特定的场合（如招聘选拔人才）时，就需要主动站出来介绍自己，这就是自我介绍。自我介绍的目的是要让别人认识自己、接纳自己，甚至对自己刮目相看，留下美好的第一印象。因此，自我介绍是塑造自我形象、赢得群体认同的一种手段。

自我介绍一般会出现在聚会场合中、公关活动中、面对媒体时或者在应聘面试中。从交际心理上看，人们初次见面，都会有一种渴望了解对方和被对方所了解的愿望，并有希望得到对方尊重的需求。这时，如果能及时而得体地介绍自己，让别人了解自己的身份和特征，不仅满足了对方的渴望，同时也实现了自己的内在需求，并为人与人之间的相互了解与合作提供了基础。

2. 自我介绍的类型

(1) 应酬式的自我介绍

应酬式的自我介绍适用于某些公共场合和一些社交场合，介绍者并不希望跟对方透露更多的个人信息，如旅行途中、宴会厅里、舞场之中、通电话时等情况下，介绍的基本内容少而精，最为简洁，往往只包括介绍者本人姓名一项即可。例如："您好！我叫李新。"

(2) 公务式的自我介绍

公务式的自我介绍适用于工作场合，因工作而交际，因工作而交友，介绍的基本内容包括介绍者本人姓名、单位及其部门、担负的职务或从事的具体工作。例如："你好，我叫王春英，是××市政府办公厅秘书长。"在没有带名片，或者不想给对方名片的情况下，介绍时要把这些内容说全，以有助于对方对自己产生比较全面的认识。

(3) 交流式的自我介绍

交流式的自我介绍适用于一般社交场合，希望对方认识、了解自己，并希望与对方建立联系，介绍的基本内容包括介绍者本人姓名、工作、籍贯、学历、兴趣，以及与交往对象的某些熟人的关系等，具体内容视情形而定。例如："你好，我叫周红，现在××国际当销售经理总监，我也是徐州人，和你先生是高中同学。"

(4) 礼仪式的自我介绍

礼仪式的自我介绍适用于讲座、报告、演出、庆典、仪式等一些正规、隆重的场合，介绍的基本内容包括介绍者本人的姓名、单位、职务等项，但还是应当多加入一些适宜的谦辞、敬语。例如："各位来宾，大家好！我叫李秋丹，是××集团的副总经理。现在由我代表本公司热烈欢迎大家光临我们的开业仪式，谢谢大家的支持。"

(5) 问答式的自我介绍

问答式的自我介绍适用于应试、应聘和公务交往场合，介绍的基本内容视对方的问题而定，讲究问什么答什么，有问必答。例如，某男士问："这位小姐，你好！不知你应该怎么称呼？"某女士答："先生您好！我叫唐芳。"再如，主考官问："请介绍一下你的具体情况。"应聘者答："各位好！我叫李俊，现年27岁……"

3. 自我介绍的注意事项

（1）镇定自信

自我介绍首先要自信。初次交往，相互都不甚了解，应该通过自我介绍来塑造自己的形象，这时候，就应该大大方方、不卑不亢、镇定自若地向他人展示自己，优雅得体地向对方介绍自己。介绍自己时，要正视对方的双眼，语调自然稳重。当然，自信不等于自夸和自吹自擂，一个狂妄自大、好卖弄、爱炫耀的人，也是不受欢迎的。所以，自我介绍时既要自信，又要自谦。

（2）繁简得当

自我介绍的内容一般包括：姓名、年龄、籍贯、职业、职务、工作单位、住址、联系电话、毕业学校、主要经历、个性特点、生活兴趣等。但上述内容不必逐一全部说出，应当视交际的需要来决定介绍的繁简。一般说来，参加聚会、演讲、为他人办事、偶尔碰面、为单位公关、临时见面等，自我介绍应该简略一些；而在另外一些场合，如求职、恋爱、找人办事、招标、投标、深交朋友等，自我介绍可以细致一些。自我介绍或繁或简，"繁"到什么程度，"简"到什么样子，完全要视对象和目的而定。一般而论，自我介绍的时间应该限制在一分钟或者半分钟左右。

（3）注意时机

一般而言，下面几种情况下的自我介绍时机较好。第一，对方没有其他事情时。如果对方在聊天、看电影，或者在吃饭，这种情况下自我介绍就容易产生尴尬，因为对方心不在焉。第二，没有他人在场时。对方有客人在场，正忙着应付客人时，这时做自我介绍，对方可能记不住介绍者所说的话。第三，周围环境比较幽静时。在公交车上、在火车上、在人行道上，彼此来去匆匆，环境嘈杂，这时候做自我介绍，对方最不易记住。第四，在较为正式的场合。在办公室、宴会厅、会客室、客人家里等比较正式的场所，自我介绍的氛围相对比较好。

（4）突出个性

自我介绍要注意突出自己的个性，能够风趣幽默地做自我介绍最能吸引人，也最能体现个性。如果在场的人很多，要自我介绍的也多，介绍起来大同小异，别人难以记住你。这时，如果你能突出个性特点，就会显得与众不同，就能给人留下深刻的印象。例如："我的名字叫徐阳阳，'徐'是双人'徐'，'阳'是太阳的'阳'，祝愿在场的朋友见到阳阳的这一刻起，事业与生活就像徐徐上升的太阳。"

参考案例

在国内某大型电视征婚交友真人秀的现场，一名新上场的女生这样介绍自己：大家好，我叫俞夏。愉快的"愉"去掉竖心旁，单名一个夏天的"夏"，我自认为是一个"三好女生"，来这里找一个"四有男生"。那大家要问了，什么是"三好女生"？是呀，"三好女生"就是说我是一个"身材好、气质好、性格好"的女生；四有男生呢，就是"有型、有款、有料、有品。"这个自我介绍简练、时尚，可谓匠心独运，一上场就给全场观众以深刻印象。

二、介绍他人的技巧

1. 介绍他人的时机

介绍他人也叫第三方介绍，就是替另外两方的人相互介绍，为他们相互认识牵线搭桥。比如，社交活动的东道主、社交场合的长者或者家庭聚会中的女主人，要为彼此不相识的客人作介绍；在办公地点，公务人员、礼宾人员、秘书人员、接待人员，要为彼此不相识的来访者作介绍；正式活动中地位、身份较高者，或者主要负责人要为双方作介绍；与家人外出，路遇家人不相识的同事或朋友时，或陪同亲友，前去拜会亲友不相识的人时，要为双方作介绍；打算推荐某人加入某一交际圈时，要为其作介绍；收到他人为某人作介绍的请求时等。工作、生活中介绍他人的情况很多，具体介绍内容要视场合时机而定。

2. 介绍他人的类型

（1）标准式的介绍

标准式的介绍适用于正式场合，介绍的基本内容包括双方的姓名、单位、职务等。例如："我给两位介绍一下。这位是××公司公关部主人王丽小姐，这位是××集团总经理邓红小姐。"

（2）简介式的介绍

简介式的介绍适用于一般的社交场合，介绍的基本内容只有双方姓名一项，甚至可以只提到双方姓氏或昵称。例如："我来介绍一下，这位是老贺，这位是阿豪，你们认识一下吧。"

（3）强调式的介绍

强调式的介绍适用于各种交际场合，介绍的基本内容除了被介绍者的姓名外，往往还会刻意强调一下其中某位被介绍者与介绍者之间的特殊关系，以便引起另一位被介绍者的重视。例如："这位是××公司的市场部经理李希先生。这位是胡柯，她在开发区卫生局工作，是我的侄女，请李经理多多关照。"

（4）引见式的介绍

引见式的介绍适用于普通的社交场合，介绍者所要做的，就是将被介绍者双方引导到一起，而不需要表达任何具有实质性的内容。例如："两位认识一下如何？大家其实都是校友，只不过以前不认识，现在请你们自报家门吧。"

(5) 推荐式的介绍

推荐式的介绍适用于比较正规的场合,介绍者有备而来,有意要将某人举荐给另一人,因此在内容方面,会对前者的才干、经验、学历等方面的优点加以重点介绍。例如:“这位是李东先生,这位是我们公司的霍林总经理。李先生是一位管理方面的专业人士,他还是美国哈佛大学MBA。霍总,我想您一定乐于认识他吧?”

(6) 礼仪式的介绍

礼仪式的介绍适用于正式场合,是最为正规的为他人作介绍的方式,介绍的基本内容略同于标准式,但语气、表达、称呼上都更为礼貌、谦恭。例如:“李小姐,你好!请允许我把广州××公司的市场部经理王健林先生介绍给你。王先生,这位就是福州××集团的业务部经理李萍小姐。”

3. 介绍他人的注意事项

(1) 了解双方愿望

在介绍他人前,要了解双方是否有结识对方的愿望。如果双方或一方没有这种愿望,最好不要贸然介绍他们认识。例如:“××小姐,您想认识王先生吗?”“小张,来认识一下李老板好吗?”“老陈,您愿意见一见赵教授吗?”征求意见后再做介绍,可以避免尴尬,也显得介绍者有交际修养。在比较正式的场合,一般以“请允许我向您介绍……”开头;在不十分正式的场合,可用“让我介绍一下”或“这位是……”的句式。

(2) 遵循介绍顺序

介绍他人时,要遵循一定的介绍顺序。介绍顺序问题不是一个可有可无的问题,而是涉及个人身份与组织形象以及社交的目的能否如愿达成的问题。介绍年长者与年幼者认识时,应当先介绍年幼者,后介绍年长者;介绍女士与男士认识时,应当先介绍男士,后介绍女士;介绍同事、朋友与家人认识时,应当先介绍家人,后介绍同事、朋友;介绍来宾与主人认识时,应当先介绍主人,后介绍来宾;介绍社交场合的先到者与后来者认识时,应当先介绍后来者,后介绍先到者;介绍职位、身份高者与职位、身份低者认识时,应当先介绍职位、身份低者,后介绍职位、身份高者。一般说来,地位尊贵的一方有优先知情权,要后介绍。

在向某人介绍在场的许多人时,可以逐一介绍,职位、身份高的,年长的,女士要先介绍;也可以只作笼统介绍,不作具体介绍,例如:“这些都是我们单位的同事。”“他们都是我的好朋友,你们随便聊吧。”把两个群体作相互介绍时,一般只介绍带队的、职务高的,随员作笼统介绍即可。

【关键提示】

如果是向大家介绍新来的领导、来讲课的老师,或是来作报告的专家学者,只要把这个人介绍给全体在场的人就可以了,不必介绍其他人。在某种仪式或会议上介绍来宾或领导时,要按照他们的身份、地位、影响和对于该场合的重要性依次介绍,不可颠倒顺序,也不得将该介绍的人遗漏了;如果出现遗漏的情况,应当见缝插针予以补充介绍,并向被遗漏者表示歉意。

(3) 明确介绍内容

介绍他人,一般要介绍姓名、身份、工作单位等。如有必要,也可介绍籍贯、个人性格、爱好、工作成就、社会影响等。有时,还可以为双方介绍一些共同的谈话资料,如双方的共同爱好、相似经历、业余兴趣以及各自的特长,并分别给予良好评价,让他们相互产生好感,用话语搭起结识的桥梁。

(4) 掌握介绍技巧

介绍他人时,要热情诚恳、面带微笑、镇定自然、落落大方、充满自信,给被介绍的双方留下美好印象。介绍时声音要清楚,要有激情,有时需要对被介绍者的姓名做解释,如"文刀刘"、"美丽的丽"、"雅致的雅"等,便于听的人能够记住对方的姓名。还有,介绍的方法要灵活,如面对长者或领导,介绍时要用尊称,如"请允许我向您介绍……";在朋友之间,可用轻松活泼的方式,不妨来点幽默,如"这位姓李,是我们班有名的才子,人称'小李太白'。"这样能使气氛活跃,让双方很快进入交谈状态。

【名人与口才】

• 萧伯纳 •

英国戏剧大师、批评家和社会活动家萧伯纳的口才是有口皆碑的。但是,他年轻时却胆小而木讷,拜访朋友都不敢敲门,常常"在门口徘徊20分钟"。后来他鼓起勇气参加了一个"辩论学会",不放过一切机会同对手争辩,练胆量、练机智、练语言,千锤百炼终成演讲大师。他的演说,他的妙对,传诵至今仍脍炙人口。有人问他是怎么练口才的,他说:"我是以自己学溜冰的办法来做的——我固执地、一味地让自己出丑,直到我习以为常。"

实践强化训练

□ 训练1:介绍情境案例分析与讨论

请分析与讨论下列介绍情境案例中介绍者的"得"或"失"。

◆ **案例1**

一个电视台正在招聘编辑和记者,一位二十六七岁的姑娘进入面试室:进门、落座、挺身、发言,显得生气勃勃。"先生,您好!很高兴能来参加贵台的招聘考试,请允许我作一个简短的自我介绍。我叫××,毕业于一所师范院校,是学中文的,在××中学任教。我并非不喜爱当老师,只是我更喜欢投身于电视事业。"她的动作紧凑、敏捷,自我介绍落落大方,赢得了招聘者的好评。

◆ **案例2**

有位先生第一次参加全国性的学术会议,大家彼此都还陌生。在进行学术讨论时,他站起来说:"我叫××,我来发个言。"在场的专家都感到很唐突。

◆ **案例3**

下面是两个为他人介绍的事例:

(1) 这位是××公司的人力资源部经理,他可是实权派,路子宽,朋友多,需要帮忙可以找他。

(2) 我给各位介绍一下:这小子是我的铁哥们儿,开小车的,我们管他叫"黑蛋"。

◆ 案例4

某化妆品公司总经理黄某委托助理小王约某电视台副台长刘健、某广告公司总经理助理陈风前来商谈化妆品电视广告之事,两位来宾如约而至。小王把他们引进了会客室。

小王:我来给大家介绍一下,这位是我们公司的黄总经理,这位是××电视台刘副台长,这位是咱们公司老搭档××广告公司的陈风先生。今天我们黄总请二位来,主要是商量让电视台给我厂的产品做广告宣传的事。

◆ 案例5

在一次管理层会议上,会议主持人向观众介绍一位报告人时这样称赞她:"这位就是刘女士,这几年来她的销售培训工作做得很出色,也算有点名气了。"

◆ 案例6

约翰·梅森·布朗是一位作家兼演说家。一次他应邀去参加一个会议并进行演讲,演讲开始前,会议主持人将布朗先生介绍给观众,下面是主持人的介绍语:先生们,请注意了,今天晚上我给你们带来了不好的消息。我们本想要求伊塞卡·马克森来给我们讲话,但他来不了,病了(下面嘘声)。后来我们要求参议员布莱德里奇前来,可他太忙了(嘘声)。最后,我们试图请堪萨斯城的罗伊·格罗根博士,也没有成功(嘘声)。最后我们请到了——约翰·梅森·布朗。

□ **训练2:介绍情境模拟演练与体验**

请分角色扮演模拟演练与体验下列的介绍情境。

◆ **演练与体验1**

请模拟演练在下列不同情境下的自我介绍:

——社交场合你向一位刚结识的人提出交换名片时。

——你受委托去某单位办公室去办事见着当事人时。

——你刚入学在全班第一次班会上与同学们认识时。

——你到某公司应聘某一职位与主考官们刚见面时。

——你受邀参加联谊活动表演节目站在舞台中央时。

◆ **演练与体验2**

假设你的好朋友来你家做客,你要介绍你的家人和朋友认识。你将如何进行介绍?

◆ **演练与体验3**

试把一位你所熟悉的人(如父亲、母亲、同学、老师……)得体地介绍给大家。

◆ **演练与体验4**

某电脑公司培训部经理刘某到某职业院校与校长王某洽谈联合办学事宜。假如你是校办公室主任,你怎样为双方介绍?

◆ **演练与体验5**

小王作为接待组成员,在陪同领导与贵宾团见面时,由于他与该团团长熟识,因此先为团长热情地介绍了身边的领导。小王自认为自己的接待很顺利,殊不知,他的行为却引起了领导的不满。很显然,小王的介绍存在不妥之处。请模拟演练小王正确介绍的情景。

◆ **演练与体验6**

张莉和朋友林波一起去听李芒教授的一个校内公开讲座,林波对讲座很感兴趣,想与李教授有进一步的交流。由于李教授曾经给张莉所在班上过课，认识张莉，因此林波想让张莉在讲座后把自己介绍给李教授。如果你是张莉，你会怎样介绍两人认识呢？

口才金言

一个人的成功15%靠专业技能，85%却靠口才演说能力。

——卡耐基

实践情境4

交　谈

实践提示

在社交实践中，交谈是一种最基本、最常见的活动，也是社交的常规方式。交谈通常是家人之间、亲友之间、同学之间、师生之间、同行之间以及其他人与人之间交流思想、融洽感情、增进友谊必不可少的社会生活现象，是人们增长见识、改善关系和排忧解闷的重要途径。交谈的实质是达成心灵的沟通。一个人在交谈时的具体表现，往往与其工作能力、个人魅力以及待人接物的态度紧密联系在一起。因此，交谈是一个人素质的有机组成部分。在人际交往中，因为不注意交谈的内容和方式，或用错了一个词，或多说了一句话，或不注意词语的色彩，或选错话题等而导致交往失败或影响人际关系的事，时有发生。

实例点击

小黄的独角戏

小黄要参加一个老同学的聚会。他想，自己平时不善说话，总给同学们内向拘谨的印象，要趁这次聚会锻炼一下自己，让大家看到不一样的自己。于是他打算在出发前对聚会时要谈什么话题做下准备。于是，他翻遍了手边的《读者》与《世界博览》，准备了一肚子的奇闻轶事，从复活节的石像到玛雅人的世界末日预言；从萨科奇的二婚到卡扎菲的街头暴毙……可以谈论的话题一箩筐，就像参加百科知识竞赛一样。聚会上，他瞅准了机会插嘴道："报纸上说，魔鬼三角之谜现已初步揭开了……"大家果然都把目光转向了他，不过有几位现出困惑的表情。大家静静地听他一个人说了半天，他也意识到自己在唱独角戏，很尴尬地结束了话题。不一会儿，老同学们就谈起了本地的房价、驾照考试、某歌星的代言被起诉等事情来。

分小组讨论：你觉得小黄的交谈成功吗？

【5分钟后分别请几个小组的同学代表到台上来陈述自己小组的见解。】

实践方法指导

一、交谈的内容选择

1. 应当考虑的因素

交谈内容是关系到交谈成败的决定性因素。正所谓言为心声,交谈者所选择的交谈内容,往往被视为其个人品位、志趣、修养和阅历的集中体现,故此必须对其斟酌再三。选择交谈内容时,应当多为谈话对象着想。一般而言,要考虑以下三个方面。其一,要考虑对方的语言习惯及文化层次。例如,普查户口人员问农村80岁老太:“您的配偶还在不在?”这样的话语老太太可能还听不懂,不如问:“您老伴还在不在?”其二,要注意对方的性别和年龄特征。不同性别和年龄段的人都有自己感兴趣的事,因而可以据此考虑谈话内容。其三要了解对方的兴趣所在。选择彼此都感兴趣的话题作为谈话内容,使双方在交谈过程中有来有往、彼此呼应、热情参与、皆大欢喜。如果选择了双方都不感兴趣或只有一方感兴趣的话题,交谈可能会显得话不投机。

【关键提示】

如果交谈双方在交谈中对某一问题产生了意见或观点的分歧,不妨进行适度的辩论。但这种辩论是建立在理性基础上的,如果谁也不能说服谁,就应当克制自己的情绪,保留分歧,切不可为了强行说服对方而争得面红耳赤,导致双方不欢而散。

2. 具体内容的选择

(1) 既定的话题

既定的话题是指交谈双方业已约定,或者一方先期准备好的话题,例如,征求意见、传递信息、研究工作等。这种谈话要事先做好准备,对对方有一定的了解。比如,你打算买一个楼盘的房子,你就要围绕着房子的话题与对方展开谈话。谈话时,往往要就事论事。

(2) 格调高雅的话题

与人交谈时,最好选择一些能够体现自己的见识或阅历的格调高雅的话题,如文学、艺术、哲学、历史、地理、建筑、时政等,这类话题适合各类交谈。在人际交往中,既要了解他人,也要让他人了解自己、接受自己。通过谈话使对方了解自己的格调和素养,这是一种非常明智的选择。

参考案例

李沐有一次出门坐出租车办事。途中,出租车司机一边开车一边播放起了英文音乐。李沐说:“师傅,刚才你放的这两首音乐,我记得最起码十年前就听过,应该是很经典的,只是不知道叫什么名字了。”司机师傅说:“歌曲名字啊,我从来都没认真记过,这是从别人U盘上直接拷贝过来的,我就是听着好听。音乐这东西,我一直都是听旋律,不记歌词,也不记歌名的。”李沐说:“我也是多半只听旋律,自己倒是存了不少轻音乐,像“神思者”、“喜之郎”之类的,都是没有歌词的。听音乐关键就是听旋律。”司机师傅说："'神思者'啊，我也听过的！我这人一听音乐开车就不觉得乏味，也会有精神……"于是两人你一句我一句地不知不觉到了目的地。李沐说："要下了，师傅，跟你说话这还没尽兴呢……这是车费。"司机师傅说："哎呀，看你客气的，我也没尽兴呢，今儿我高兴，不收你钱。"李沐硬把车费塞给了司机师傅，关上车门前，收下了司机师傅的名片……显然，谈论格调高雅的内容，无形中展示了人的修养和品味，易于营造轻松愉悦的氛围，引发共鸣，并使双方有相见恨晚之感。

(3) 轻松的话题

在交谈时要有意识地选择那些能给对方带去开心与欢乐的轻松话题，除非必要，切勿选择那些让对方感到沉闷、压抑、悲哀、难过的内容。轻松的话题令人身心放松，适用于非正式交谈，允许各抒己见，任意发挥，主要包括流行时装、美容美发、体育比赛、电影电视、休闲娱乐、旅游观光、名胜古迹、风土人情，名人轶事、烹饪小吃、天气状况等。

【关键提示】

当然，轻松的话题都是根据交谈对象的兴奋点去谈的。例如，男人可以谈足球，可以谈军事；女人可以谈化妆品，谈时尚。真的没话可谈，还可以谈谈天气，虽是没话找话，但也聊胜于无。

(4) 对方擅长的话题

选择对方擅长的内容，既可以给对方发挥长处的机会，调动其交谈的积极性，也可以借机向对方表达自己的谦恭之意，并可取人之长，补己之短。同时，也可以静制动，避免自己言多语失，尤其是在和长辈、学者相处时，这是最好的选择之一。和别人交谈切不可就其短、抑其长，那样会让对方尴尬和难堪。

3. 不宜选择的内容

(1) 涉及个人隐私的话题

隐私权是现代社会个人权利的重要组成部分，随着社会的不断进步，人们对它的重视程度日益加深，以前可以随意说起的内容，在今天则需要谨慎把握。在交谈中，若双方是初交，则有关对方年龄、收入、婚恋、家庭、健康情况、经历等这一类涉及个人隐私的话题，切勿加以谈论。

(2) 贬低对方的话题

贬低对方的话题是指在交谈中不能随便讲对方的"坏话"。在交谈中，不能用尖酸刻薄、油腔滑调的言语挖苦、调侃、取笑对方，捉弄对方，令对方出丑。

(3) 非议旁人的话题

如果谈论领导、同行、同事甚至亲朋好友的负面内容，则谈论者的人品和修养也立即在对方心目中大打折扣。在外人面前，说到自己的领导，提及自己的同事、同学等的时候，一定要主动维护他们的形象，不能传播闲言碎语、搬弄是非，否则就是缺乏教养的表现。

(4) 倾向错误的话题

在交谈中，不要谈论道听途说来的具有错误倾向的有关社会政治方面的言论，也不要随意谈论那些违背社会伦理道德风尚等不良倾向的内容。

(5) 令人反感的话题

在交谈中,不要谈论令交谈对象感到伤感、不快以及反感的问题,如家长里短、男女关系、凶杀惨案、黄色段子等,这些都是格调低理、内容庸俗的东西,是与别人交谈时不宜涉及的话题。

二、交谈的常用技巧

1. 礼让对方

当与人交谈的时候,不要争、不要抢。晚辈要让长辈先说,下级要让上级先说,男士要让女士先说。让对方先说话,并不是吃亏,而是一种礼貌的做法。

2. 少说多听

在一般情况下,智者善听,愚者多说,正如古训所说,言多语失。在现实生活里,一个人的年龄、地位往往与他说话的数量是成反比的。倾听是门艺术,善于倾听体现了交谈的最高境界。

参考案例

芭比·透丽在 29 岁时就创立了 TelevisionSnap - Short 公司,短短数年,公司已经拥有数亿美元的资产。她说她成功的秘诀,就是善于倾听。芭比·透丽大学毕业后不久,在一家广告代理公司担任打字员。与众不同的是,她对别人的想法总是充满了好奇心,愿意倾听任何人说话,并把他们的经验吸收为自己的经验。因此,她很快就能胜任一系列更高级的职位:编辑主任、广播导播、总经理秘书。尽管芭比·透丽的地位不断上升,但她爱好并善于倾听的习惯并没有改变,无论何时何地,无论面对什么人,只要方便或是有可能,她都忘不了请教与倾听,并从中吸取经验。这种方法也被她称之为"精神图书馆"。芭比·透丽的倾听习惯,不但让她从中学到了丰富的知识,而且结交到了一大批志同道合的朋友。由于她博采众长,她的见识已经远远超过了那些从业多年的"资深者"们。因此,她年纪轻轻就取得了如此巨大的成功。

3. 恰当使用语言

语言是交谈的载体,交谈过程即语言的运用过程。语言运用是否准确恰当,直接影响着交谈能否顺利进行。因此,在交谈中尤其要注意语言的使用问题。

(1) 语言要准确

一是注意语音。与人进行交谈时,应当力求发音纯正,尽量不带乡音土语,同时注意控制自己说话时的音量。最佳的音量标准是,只要交谈对象可以听清楚即可。在交谈时,特别是在公共场所里与他人交谈时,如果粗声大气,不但有碍于他人,而且也说明自己缺乏教养。

二是注意语速。所谓语速,即一个人说话时速度的快慢。在交谈中,自己的语速是否合乎常规,往往同自己交谈的效果直接联系在一起的。语速都应当保持相对的稳定,也就是快慢适宜,舒张有度,同时在一定的时间内保持匀速。这样做,不仅可以使自己的语言清晰易懂,也可以显示出自己胸有成竹、有条有理。

三是注意语气。所谓语气,一般是指人们在讲话时的口气。与对方交谈时,语气应当和蔼可亲、平等待人、谦恭礼貌。在交谈中,应当注意讲话的速度稍微舒缓一些,讲话的音量低一些,谈话的语调抑扬顿挫一些,并尽量多使用一些谦词、敬语和礼貌用语。既不要在交谈时表现得居高临下、无所不知,也不宜在语气上阿谀奉承、随声附和,正确的表现应该是不卑不亢、落落大方、充满善意。

四是注意语义。所谓语义,是指要求所说之话含义明确,不可产生歧义,模棱两可,以免产生不必要的误会。比如,打电话时说:“你是小王吧?”容易让人觉得是在骂人,这就属于同音歧义。又如,在问对方的学校时说:“你是厦大的吧?”容易让人听成“吓大”,这就属于省略歧义。

参考案例

有个学生刚参加工作,上班的第一天就被老板批评了,他哭丧着脸向辅导员诉苦:“当我同意别人看法时,总是说‘对,对啊’,我已经说了二十年,对什么人都一样,从来没有人说我错。可是今天跟老板讨论问题,我才说了几句老板就冒起火来,讲什么‘对、不对’,跟长辈说话,要讲‘是’,不要讲‘对’……”

上面这个例子可能是因地方的习惯用法不同而引起的误会。仔细说来,“对”和“是”都表示肯定,但“对”有一种居高临下进行肯定的感觉,“是”则有一种符合赞同之感,这两个字在语义上还是有差别的。因此,在长辈或者上司面前多讲“是”,不讲“对”。

(2)语言要文明

日常交谈虽不像正式发言那样严肃郑重,但也不能不讲究用语。在交谈中,要善于使用一些约定俗成的礼貌用语,如“您”、“谢谢”、“对不起”等。尤其应当注意的是,在交谈结束时,应当与对话方礼貌道别,如“有空再聊吧!”、“谢谢您,再见!”等。即使在交谈中有过争执,也应当不失风度,切不可来上一句“说不到一块儿就算了”、“我就是认为我对”等。交谈中应当尽量避免一些不文雅的语句和说法,不宜明言的一些事情可以用委婉的词语来表达。例如,想要上厕所时说:“对不起,我去一下洗手间。”或“不好意思,我去打个电话。”语言要文明的含义,就是指要杜绝有失身份的话“溜”出口。

【关键提示】

在交谈中,绝对不能采用以下用语:

- 粗话。口中吐出“老头儿”、“老太太”、“小妞”等称呼,是很失身份的。
- 脏话。讲起话来骂骂咧咧,非但不文明,而且自我贬低,十分无聊。
- 黑话。一说话就显得匪气十足,令人反感、厌恶。

- 荤话。把绯闻、色情、“荤段子”挂在嘴边,会显得趣味低级。
- 怪话。说话怪声怪气、黑白颠倒,让人难生好感。
- 气话。说话时意气用事、发牢骚或指桑骂槐,很容易伤害人、得罪人。

(3)语言要简洁

在交谈时,所使用的语言应当力求简单明了,言简意赅地表达自己的观点和看法,切忌喋喋不休、罗罗唆唆。这样不仅能提高工作效率,而且还可以体现自己的精明强干。交谈时最基本的一点,就是要让他人准确无误地听懂自己的发言。

4. 善于交流合作

一般来讲,在交谈之中,交谈双方均应当有意识地进行合作。关于交谈之中双方合作的问题,以下要点应予注意。

(1)表情要合作

交谈时彼此除了语言的交流还需要表情的合作。一个人的表情,在谈话中必定会被对方所注意到,有时它比交谈的内容更被看重。有调查分析,我们判断一个人说话的可信程度,其语言上的可信程度所占的比例大约是1/4,而其表情和动作所占的比例就达到了3/4。听对方说话时,要注意与对方眼神的碰触,认可对方的观点,可以用点头示意,表示对交谈对象的专注。

(2)话题要合作

话题要合作就是指谈话的内容要合作。一个真正有教养的人,要懂得选择交谈的具体话题时,应当以对方为重。孩子有孩子们的话题,老人有老人们的话题。和孩子交谈时,在不误导孩子的前提下应该多谈点孩子感兴趣的问题;和老人交谈时,不一定非要说太多的时尚话题,因为他们所感兴趣的往往就是话话家常。再如,和一个大学生谈就业、谈恋爱观、谈日常工作的经验等,他会比较感兴趣。

【小链接】

交谈能力测试

每一个人与他人交往的要求都不同,而表达自己及领会他人意思的本领也因人而异。以下每题有三种答案可供选择(A.肯定　B.有时　C.否定),答题后可以计分评判自己的交谈能力。

(1)你是否时常觉得“跟他多讲几句也无意思”?

(2)你是否觉得那些太过于表现自己感受的人是肤浅的和不诚恳的?

(3)你与一大群人或朋友在一起时,是否时常觉得孤独或失落?

(4)你是否觉得需要有时间及一个人静静地才能清醒一下和整理好思绪?

(5)你是否只会对一些经过千挑百选的朋友才吐露自己的心事?

(6)在与一群人交谈时,你是否时常发觉自己在胡思乱想一些与交谈话题无关的事情?

(7)你是否时常避免表达自己的感受,因为你认为别人不会理解?

(8)当有人与你交谈或对你讲解一些事情时,你是否时常觉得很难聚精会神地听下去?

(9)当一些你不太熟悉的人对你倾诉他的生平遭遇以求同情时,你是否觉得不自在?

每道题选A可得3分，答B的可得2分，答C的可得1分。

如果你的得分为22～27分，这表示你只有在极需要的情况下或者对方与你志同道合时，才同别人作较为深入的交谈，但你仍不会把交谈作为发展友情的主要途径。除非对方愿意主动频频跟你接触，否则你便总处于孤独的个人世界里。

如果你的得分为15～21分，这表示你大概比较热衷跟他人做朋友。如果你与对方不熟识，你开始会很内向，不大愿意跟对方交谈。但时间久了，你便乐意常常搭话，彼此很谈得来。

如果你的得分为9～14分，这表示你与他人交谈不成问题。你非常懂得交际，较易用产生一种热烈的气氛鼓励对方多开口，同你谈得拢，彼此十分投机。

三、交谈的注意事项

1. 不要独白

交谈讲究的是双向沟通，因此要多给对方发言的机会。不要一人侃侃而谈，而不给他人开口的机会。

2. 不要冷场

不论交谈的主题与自己是否有关，自己是否有兴趣，都应当热情投入，积极合作。万一交谈中出现冷场，应当设法打破僵局，如转移旧话题，引出新话题等。

3. 不要插嘴

交谈过程中，对方正在讲着的时候，一般不要插嘴打断对方。如果一时听错了或漏掉了重点，不妨在对方结束时这样说："据我所听到的，你的意思是否是这样的呢？""很抱歉，刚才中间有一两句话你说的是××么？"

4. 不要否定

交谈应当求大同存小异，如果对方的谈话没有涉及原则性问题，就没有必要当面加以否定，尽可能采用劝告或建议性的措词，如"这个问题能不能有别的看法，例如……"

参考案例

小张又失恋了，跟朋友说起这事长吁短叹的。朋友问他："这次到底怎么回事儿，看你们前段时间不是处得挺好的么？"小张说："她说我不会说话。"朋友问："什么？你不会说话？我可没觉得，你举个例子说说看。"小张说："周末我跟她一起看电影，她看得兴致勃勃，我却只想瞌睡。回来的路上，她仍然兴奋地和我讨论剧情，我实在没精神头儿，就说了句'这电影没一点儿品位，有啥好看的'，结果她就不理我了……"虽然小张否定的是电影的品位，但是某种程度上也让他女友觉得自己被认定为品味不高。

5. 不要补充

同样，交谈过程中只要内容不涉及原则性问题，就不要补充对方。人们的知识构成不一样，兴趣所在不一样，看待问题的角度也会不一样，补充对方的结果可能会给人逞强好胜，显示自己比他人懂得多的感觉。

6. 不要抬杠

交谈中，与人争辩、固执己见、强词夺理的行为是不足取的。自以为是、无理辩三分、得理不让人的做法，有悖交谈的主旨。

实践强化训练

□ 训练1：交谈情境案例分析与讨论

请分析与讨论下列交谈情境案例中交谈者的“得”或“失”。

◆ **案例1**

甲的同学或朋友犯了错误，受了处分，乙在和甲的交谈中可能谈到此事：

——你的领导太过分了，小题大做。

——无所谓，别放心上，做人洒脱些。

——谁都会犯错。知错就改，改了就好。

——你老兄真傻！

◆ **案例2**

甲乙两人交谈中，甲在听到乙的某个问题后立即说：

——刚才这个问题的意思，能解释一下么？

——我不太了解刚才这个问题的意思。

——等等，你刚才的话能不能再重复一遍？

——你能不能慢点儿说？

◆ **案例3**

一位下级跟领导谈及某项工作，领导认为下级的思路中有什么不妥：

——不过，这是我个人的意见，你们可以参考。

——建议你们看看最近到的一份材料，看看有什么启发。

◆ **案例4**

王先生和人聊天时，常常说：“我刚刚讲到哪里了？”与人交谈时，只要有一个短暂的电话打入，哪怕只有几秒钟，挂掉电话时，他一定会问：“打电话之前，我们说到哪里？”在餐厅吃饭时，侍者中途上菜，话题一经打断，他也要问：“刚才说些什么了？”听到这句话的朋友多半不怎么愉快，只得耐着性子重复一次刚才的谈话，心里却厌烦到极点。然而并非每个人都有好修养。曾经有一回，王先生对一位年轻女伴问道：“我刚刚说到哪里？”那名小姐尖酸地回答：“我也忘了，大概没有什么重要的事吧？”这令王先生当场下不了台……

◆ **案例5**

某局新任局长宴请退居二线的老局长。席间端上一盘油炸田鸡，老局长用筷子点点说：“喂，老弟，青蛙是益虫，不能吃。”新局长不假思索，脱口而出：“不要紧，都是老田鸡，已退居二线，不当事了。”老局长闻听此言顿时脸色大变，连问：“你说什么？你刚才说什么？”新局长本想开个玩笑，不料说漏了嘴，触犯了老局长的自尊，顿觉尴尬万分。席上的友好气氛尽被破坏，幸亏秘书反应快，连忙接着说：“老局长，他说您已退居二线，吃田鸡不当什么事。”气氛才有所缓和。

◆ 案例6

第二次世界大战爆发后不久的一天，身为美国参议员的早川先生（日裔）在火车站等车。他注意到身边等车的人都用怀疑的眼光盯着他，还有人交头接耳。有一对夫妇带着孩子，盯着他，神情显得格外紧张。当时都传说有日本间谍到了美国。为打破尴尬局面，早川对那个丈夫说：“真糟糕，天这么冷，火车偏偏又晚点。”那个丈夫点点头表示同意。早川继续说：“带着孩子在冬天旅行，火车又没个准儿，真是辛苦。”丈夫再次表示同意。早川接着问他：“孩子几岁了，看起来很乖很勇敢，比同年龄的孩子懂事。”他这次脸上有了一丝微笑。就这样，几句话化解了紧张的气氛。又交谈了几句后，这位男士问早川：“我问你一个问题，希望别介意，你是日本人吧？你觉得日本打赢的机会有多大？”早川说：“我的推测可能和你一样。依我看，日本缺煤、缺钢铁、缺石油……怎么打得过美国这种高度工业化的国家？”随后，他们谈到了早川在日本的家人。以至于在上车之前，那对夫妇还请早川有机会一定要去他们的城市，去他们家吃饭。

片刻间，“间谍”变成了朋友。

□ **训练2：交谈情境模拟演练与体验**

请分角色扮演模拟演练与体验下列的交谈情境。

◆ 演练与体验1

假如你是一个企业的新职工，经常与工人们在一起，了解了企业许多情况。一天，经理在和你聊天时，突然问：“你是新来的，没有什么偏见，经过这一段时间，你觉得我这个人怎么样？”“很好，经理。”但经理却固执地说：“你一定要讲真话，我只想听听你的意见，或者从你这里听到别人对我的意见，你不必担心什么。”而这个经理确实也有一些不足和毛病，工人们也有所议论。

你会怎样与经理继续聊下去？

◆ 演练与体验2

请模拟演练教师家访时与家长的交谈。

训练说明：

双方的话题要具体，例如，教师家访是因为学生近阶段学习成绩突然下降，教师家访一是了解情况，二是要求家长配合等。

交谈中双方的各自立场不得发生转变，例如，教师认为学生的退步与家庭有关，家长有责任也有义务配合学校工作，并且学校已经尽了责任；而家长则认为，自己也已尽了最大的努力，是学校没有管好，同时还可辅之以多种原因的解释。

双方交谈时，可以表示对对方的理解，但不可以接受对方的要求。双方不得有使交谈“卡住”的语言，如教师不可以用“开除”之类的有压力的语言，家长则不可以说“我们正想退学”之类的对抗语言。

◆ 演练与体验3

请模拟演练师生之间批评性的交谈。

训练说明：

双方交谈的话题要具体,例如,以教师批评学生为什么没有参加集体义务劳动为话题。

交谈中,老师的立场自始至终不得发生转变,努力阐述批评的理由,证明自己的正确;学生的立场随着老师的批评逐渐发生转变,从开始为自己的解释或辩护,到最终认识到自己是错误的。

◆ *演练与体验 4*

每三五个同学为一组,就学习和生活中大家普遍比较感兴趣的话题,当众进行交谈训练,一问一答或一说一接为一个回合。讲满 5 个回合为及格,7 个回合为良好,10 个回合为优秀。每一组交谈总时间为 10 分钟左右,到时即由教师中止,换下一组。最后各组之间进行互相评价。

口才金言

说话艺术最重要的应用,就是与人交谈。

——多罗西·萨尔诺夫

实践情境5

致　谢

实践提示

在社会交往中，任何人都会遇到困难、麻烦，面对这些超出自己能力而又必须去解决的事情，通常需要得到他人的帮助。在得到别人的帮忙之后应该及时真诚地感谢对方，这样既流露了自己接受对方给予帮助的不安，也是对他人给予帮助的一种心理安慰和补偿，更是双方关系进一步深化的基础。真诚的致谢虽然只是简简单单几句话，却能给人愉悦，它是一种"回馈"，也是一种鼓励，体现了人际关系的融洽与默契，这种魅力即使是长篇大论都无法替代。但如何表达谢意却常常被人所轻视，以致很多人因此而与好人缘失之交臂。

实例点击

失主的致谢

某好心人拾得20万元邮政储蓄存折，立即设法归还失主。失主正急得焦头烂额，收到对方送来的存折后，非常感激，连声说："谢谢……谢谢……"，好心人说："没什么没什么，就是怕你急，所以赶紧给你送来了。"失主又补充道："存折失而复得，我也省得跑一趟邮局去挂失……这种存单，别人拿了也领不到钱……"好心人本来觉得自己做了件好事儿挺高兴的，听了失主这番话，忽然心里又觉得不是个味儿。

分小组讨论：这位失主的致谢是否合适？

【5分钟后分别请几个小组的同学代表到台上来陈述自己小组的见解。】

实践方法指导

一、致谢的基本要求

1．要发自内心

如果你对对方所做的一切颇为感恩，又从内心深处有感谢对方的冲动，那么就不要吝啬言辞，该表达时就表达，让对方深切地感受到你的感恩之情。因而，感谢语就不是仅仅"谢谢"两个字这么简单，还要给予"谢谢"这两个字一定的感情色彩，这样才能使"谢谢"让人听起来不死板，不会令人感到只是一种敷衍应付的客套话。

2. 要主动及时

得到了他人的帮助，应该在最短、最快的时间内马上表示感谢。只有这样，才会让被感谢者感到你是真心地感谢他，而不是在时间的“压力”下的不得已的敷衍。如果确实临时有事不能及时致谢，那么等到致谢时就应当说明延迟的具体原因，同时向对方表示歉意。

参考案例

小张请求单位的老李帮忙办一件事，老李跑里跑外，热情地把事情办成了。小张赶紧登门道谢：“老李，我今天是专程前来向您表示感谢的！您可帮了我……不，您可帮了我们全家的大忙啦！……我爱人昨天就催我来向您致谢，我儿子也说：‘替我谢谢李伯伯’。所以说，我今天是代表我们一家三口来的，真诚地谢谢您……”试想，这一番话要拖延到几个月或半年以后再说，或者是在路上偶然碰见人家才想起来说，还会有如此浓厚的诚意与感恩的味道么？

3. 要直抒胸臆

致谢有口头致谢、书面致谢、托人致谢、打电话致谢这几种情况，一般来讲，当面口头致谢结果最佳。向对方表示谢意最好采用直接、当面的方式，尽量不要委托他人。道谢时要讲清楚对方给予自己的帮助，强调这种帮助对自己的重要性，切忌含糊其辞，让人听不明白。

4. 要轻重适宜

说感谢的话要掌握分寸，要根据对方对你帮助的事情大小和你所受益受惠的多少，来适度地表达你的谢意。他人给予的帮助大，道谢时就要“重”一些；他人给予的帮助小，道谢时就可“轻”一些，轻重有度，恰如其分，这样双方才能各自都心安理得。

参考案例

小马的儿子城城入学遇到了一些难题，令他苦恼不已。于是，他请求单位领导王主任帮忙。最后，在王主任的努力下，小马儿子的入学难题得到了顺利解决。小马怀着感激之情对王主任说：“王主任，我真不知该怎样感谢您！为了城城的事，我们两口子可是愁坏了。要不是您帮我们出头……真难为您这么大年纪，把我们普通员工的事当成自己的事办！王主任，您就是我们城城的恩人，您的大恩大德我小马记在心里，我们全家人记在心里……”

5. 要知恩图报

“来而不往非礼也”。得到他人帮助，如果在对他人的帮助表达谢意时，能够明确表示下次对方有事自己一定会倾力相助的愿望，那么对方就会感到自己付出的努力不仅仅是心理上的满足，而且会是切切实实的回报，双方的关系也会因此得到进一步的加强与密切。

二、致谢的常用技巧

1. 即时感谢

即时性地表示谢意，直接向对方说“谢谢”。比如，在公交车上有好心人为孕妇让座时，餐厅里服务员为自己送上茶水时，出入门口有人为自己拉开门时，对方主动为自己车子让路时，第一时间向对方说声“谢谢”，以表达自己对对方举手之劳的谢意。

2. 说出原因

说出原因，这是比上述情况更正式的致谢。表示感谢时，告诉对方自己感谢他的具体原因，指出他在哪方面帮助了自己，不要轻描淡写，省得对方感触空洞或茫然不知所措。例如，“我真的非常感谢你对我在学习上的帮助”、“感谢各位企业界朋友长期以来对我校建筑专业改革发展给予的关注和支持”、“感谢诸位朋友的到来，与我们一同见证这个神圣的时刻”等。

3. 转述谢意

转述谢意，即背后说人好话，让同事或者朋友知道别人给予自己的帮助，自己一直心存感激，念念不忘。最后，这话很可能会传到给予你帮助者的耳朵里去，会让他觉得自己的努力被承认，从而产生愉悦感。例如，“前几天，王敏帮我安排了那次会议。当时我家里有急事到不了单位，要是没有她的帮忙，我真不知该怎么办好。”当你的谢意通过他人传到被感谢者耳朵里时，定会使致谢增色不少。

4. 给予赞美

感谢对方，并让对方知道他为你做的事很出色，很让你满意。例如，“谢谢你的咖啡！从来没有喝过味道这么美的咖啡。”、“谢谢，每期的报纸你都送得很及时。”、“谢谢，给我车子加油之后提醒我注意安全的，你是第一个。”、“谢谢你们的邀请，这个邀请函制作得很精美。”等。

参考案例

李大爷七十多岁了，有一次到公园散步，回家的路上不慎摔倒，扭伤了脚踝。因为身上没有带手机，一时无法与家人取得联系，于是坐在路旁一边揉脚一边着急。这时一辆出租车恰好经过，出租车司机看到这幅场景，说：“大爷，您这情况可不好，我捎您一程，是把您送回家还是直接送去医院？”李大爷说：“先回家吧。”于是出租车司机把李大爷扶上了车，并把他送回了家，末了还不要李大爷的钱。李大爷下车时满心感激地对司机道谢说：“好人一生平安！”李大爷并没有说一个“谢”字，然而借用的这句歌词却包含了对出租车司机师傅同情心的褒奖和对善行的美好祝福。司机师傅听到这样的致谢一定非常欣慰。

5. 表达歉意

为他人帮忙、办事，总要耗费一些额外的经历，有时甚至还不得不辗转求人托情，欠下一笔“人情债”。所以，对给予帮助的人一定要表示谢意，同时还要用含有歉意的语言来表示自己的不安之心，如“麻烦您了”、“实在不好意思”、“让您费心了”、“您为了帮我安装接线板，还把手碰破了，真叫我过意不去！”等。

6. 反复强调

反复强调就是根据需要对于感谢语进行必要的重复，通过多次重复感谢语，以表达自己的诚意，增强感谢的程度。这种情况在正式场合的礼仪致辞中经常出现。

参考案例

答谢词

尊敬的李××先生，尊敬的××集团公司的朋友们：

首先，请允许我代表代表团全体成员对李××先生及××集团公司对我们的盛情接待表示衷心的感谢！

我们代表团一行五人代表公司首次来贵地访问，此次来访时间虽短，但收获颇大。仅三天时间，我们对贵地的电子业有了比较全面的了解，与贵公司建立了友好的技术合作关系，并成功地洽谈了电子技术合作事宜。这一切，都得益于主人的真诚合作和大力支持。对此，我们表示衷心的感谢。

电子业是新兴的产业，蒸蒸日上，有着广阔的发展前景。贵公司拥有一支由网络专家组成的庞大队伍，技术力量相当雄厚，在网络工作站市场中一枝独秀。我们有幸与贵公司建立友好的技术合作关系，为我地电子业的发展提供了新的契机，必将推动我地的电子业迈上一个新台阶。

最后我代表××公司再次向××集团公司表示感谢，并祝贵公司迅猛发展，再创奇迹。更希望彼此继续加强合作，共创明天。

在此，我提议：为我们之间正式建立友好合作关系，为今后我们之间的密切合作，干杯！

这篇答谢辞中出现了三次“感谢”，第一次是对主人盛情接待的感谢，第二次是对到访期间主人为己方提供的支持表示感谢，第三次是对主人为己方提供的合作机会表示感谢。三次感谢，从感情和逻辑上面层层推进，步步深入，充分表达了致谢一方的心情，并通过回顾历程、展望未来和祝愿美好前景，与对方产生共鸣。

7. 提供帮助

与帮助过自己的人在一起，看到对方忙不过来，有需要帮助，主动提出为其助一臂之力。例如，“我来帮你干这事儿。甭客气，你帮我的次数可太多了。”“让我去吧，你都替过我很多回了。”

8. 提出回报

告诉对方你感谢他为你所做的一切,并准备回报他。例如,"今后,能给我一个回报的机会么?""希望在适当的时候能为您出点儿力,也表示我一份小小的心意。""有什么我能为您做的,尽管说一声。""不为您做点什么,我会心中不安的。"等。当然,以后一旦有了机会,就一定要言行一致,在行动上回报对方。

参考案例

张朋因一次疏忽而导致客户投诉,给公司造成麻烦。同事李强为张朋在老板面前说情,使张朋没受到太严厉的追究。张朋这样感谢对方:"阿强,这次要不是你帮我说情,只怕我这一个月的薪水就要泡汤了,真得好好谢谢你!以后你要是工作上、生活上有什么麻烦,尽管找我好了,只要我能帮上忙,绝对不说一个'不'字!要是你有时间,晚上我请你到外面吃海鲜……"李强听了张朋的话,肯定会被他乐于回报的诚意所打动,从而与他的关系也就更密切。

9. 赠送物品

有的致谢者在表示谢意时还会赠送对方一些礼物,若遇到见义勇为或者拾金不昧等情况时,一些致谢者甚至会有财物上的表示。这时候,可以随口说一句:"小小心意,不成敬意。"或者说:"买了点东西,也不知道您是否喜欢。"许多人习惯在告辞的时候这么说,这样避免了宣扬的方式,也更便于对方接受。

10. 互为答谢

致谢者在表示了感谢之后,被谢之人也不能无动于衷,毫无表示,而应该在言语上有所回应,即所谓的"答谢"。

(1) 表明助人之事不足言谢。如"老兄,为你出点力是应该的,有什么可谢的?""我们同事之间,今天我帮你,明天你帮我,这是很正常的事儿。"

(2) 表示助人未给自己增添麻烦。如"一点小事,又不要我花多少时间。""我自己也需要,不过捎带一下而已。"

(3) 适当表示不安的心情。如"您快别这么说,我都有点不好意思了。""瞧,我都被你说得快脸红了。"

(4) 感谢对方致谢的礼物。如"谢谢您为我买了这么好的礼物,我非常高兴"。

三、致谢的注意事项

1. 重视身体语言

重视身体语言,即通过表情、姿势等身体语言,表达致谢的真诚。正视对方双目,头部轻轻一点,面带真诚的微笑,必要时,还须专门与对方握手致意。身体语言传达出来的信息比口头语言传达出来的信息更具有说服力。当你注视着对方并向对方致谢时,对方会感到你的真诚,会感到他对你的理解和帮助是值得和有意义的。

2. 注意称呼对方

致谢时,应当有明确的称呼,通过称呼被谢人的名字,使你的致谢专一化。如“马小姐,我专门来跟您说一声‘谢谢’。”“许总,多谢了!”越是如此,显得越是正式,说“谢谢您,李明”和说“谢谢您”产生的效果是不同的。

3. 人多逐个言谢

所要致谢的如果是多人,那就不仅仅要说声“谢谢大家”,最好随后逐一具体到每个人,一个个地向他们道谢。这样,就会在每个人的心里引起回响和共鸣,使彼此感情得到进一步交流。

【名人与口才】

• 华罗庚 •

我国著名的数学家华罗庚不仅有超群的数学才华,而且也是一位不可多得的“辩才”。他从小就注意培养自己的口才,学习普通话,他还背了四五百首唐诗,以此来锻炼自己的“口舌”。华罗庚先生在总结练“口才”的体会时说:“勤能补拙是良训,一分辛苦一分才。”

实践强化训练

□ 训练1:致谢情境案例分析与讨论

请分析与讨论下列致谢情境案例中致谢者的“得”或“失”。

◆ **案例1**

下面是一组致谢语:

——谢了。

——谢谢!

——真得感谢你了!

——太感谢你了!

——十二分地感谢你的无私援助!

——我真的不知道该怎样感谢你!

——谢谢,谢谢,谢谢你了!

◆ **案例2**

下面是一组致谢语:

——这次为我花了这么大力气,您却连一点小小的礼物不收,如此助人为乐,叫我还有什么话好说呢?

——我真的非常感谢你对我在学习上的帮助。

——谢谢你帮我争取到这份工作。

——昨天多亏你借伞给我,谢谢。

——谢谢你的咖啡,我想我会记你一辈子。

——你就像天使一样善良、美丽,谢谢你的帮助。

◆ 案例3

2009年CCTV体坛风云人物颁奖盛典上,我国男子乒乓球队主教练刘国梁被评为最佳教练员,他手捧奖杯这样说:

我最感谢的是两种人,一种人是折磨我的人,一种人是被我折磨的人。折磨我的人是谁呢?就是我的各级领导,特别是国家体育总局副局长蔡振华,他们总向我提要求,总挑问题,所以使我不断进步;我所折磨的人,就是我们队的其他教练、同事和我的运动员们,我不断给他们提出高要求,使他们吃了很多苦,也使男子乒乓球队取得了这样的荣誉。在我登上领奖台时,我特别感谢这两种人。说罢,掌声四起。刘国梁的致谢,不落俗套,巧用了"折磨"的比喻,形象生动具体感人,让人特别难忘。

著名游泳运动员张琳在获得最佳男运动员后也表达了他的感谢之情:

我今天获得这个奖项心情特别激动,我要感谢两种人,前十三年我要感谢我的父母,他们培养我把我送进了体校;后十几年我要感谢我的教练,她使我成为优秀运动员。

◆ 案例4

以下是姚明在宣布退役时"明谢"新闻发布会上的发言实录。

大家好,各位领导,各位来宾,谢谢大家今天的光临!

今天对我来说是一个重要的日子,无论是对我以往的篮球职业生涯,还是未来个人发展,都具有特殊的意义。去年年底我的左脚第三次应力性骨折,我不得不离开赛场。半年多以来和很多关心我的朋友一样,我也是在漫长的期待中度过的。在这段时间里,我的内心十分纠结,反复思考,为此,我今天要宣布一个决定,作为一名篮球运动员我要结束自己的运动生涯,正式退役。

此时此刻回顾过去,展望未来,我内心充满感激。首先感谢的是篮球,这项伟大的运动给无数人带来了快乐,包括我自己。4岁我有了第一个篮球,9岁进入上海市徐汇区业余体校,14岁进入上海青年队,16岁背上我父亲当年的号码代表上海队比赛,篮球使我延续了家庭的传承。每当看到父母欣慰的眼神,我会感到无比自豪。非常荣幸和上海东方大鲨鱼篮球队的队友们一起为上海赢得2002年的CBA冠军,使我们和身后这座城市联系在了一起。同一年进入NBA之后,篮球引领我进入了一个更宽广的舞台,使我可以尽情地展现自己,更要感谢能有机会为中国国家队奋战十年,那是无数青年人的梦想。

同时,因为篮球和心爱的人结缘,建立了美满的家庭,获得一生的幸福。所有这些都是我无比热爱的篮球带给我的。我要感谢篮球,我还要感谢生活。无论我所热爱的篮球还是别的什么东西,都是生活的一部分。我觉得生活就像一个"向导",以前不停地追随它,它就会为你打开一扇又一扇门,而门外的世界各有不同,无比精彩。今天我退役,一扇门关上,另外一扇门正在徐徐打开,门外有崭新的生活等着我去细细地品读。我虽然离开了赛场,但是我不会离开篮球,上海东方大鲨鱼篮球队将是我今后的延续。我正在用我学习的方式去管理这个俱乐部,并将用这种方式继续为家乡带来荣誉,为球迷带来快乐,为中国篮球继续做出贡献。

我将继续投身公益事业,姚基金是我个人的基金会,已经成立了三年,接下来我会以此为依托,影响更多的人参与慈善事业,它会帮助很多的人。同时,我希望结识更多的朋友一起做共同喜欢的事情。相信在与各行各业有识之士交往中,我会学到更多的东西,丰富知识，引领我从上海走向全国，从中国走向世界。所以我要感谢生活，今后唯有认真对待它才是对生活的回报。之后我要感谢亲人和朋友，这有一份很长的名单，但由于时间的原因不能一一提及，宣读其中的代表，希望大家见谅。

首先我要感谢我的家人，父母是我人生的启蒙者，叶莉是我最好的倾听者，可爱的姚沁蕾是我们新的希望。

我还要感谢我的教练们，是他们教育培养了我，见证了我每一步的成长，其中有我的启蒙教练李章明指导，我在上海东方大鲨鱼队的教练李秋平指导、王群指导、王重光指导，我在国家青年队的主教练马连保指导，以及我在国家队的历任主教练王非指导、蒋兴权指导，以及哈里斯和尤纳斯，还有我在火箭队的历任主教练汤姆贾诺维奇、范甘迪、阿德尔曼。我要感谢各位领导，特别是国家体育总局、上海市、中国篮协、上海市体育局以及上海文广集团和原上海东方篮球俱乐部的各级领导，他们的关心、关注、支持和鼓励，使我不断进步，取得了今天的成绩。我要感谢 NBA 和休斯敦火箭队的管理层，他们的理解和支持帮助我克服了语言和文化的障碍，可以在世界最高水平的联赛当中站稳脚跟。

接下来我要感谢我的队友和对手们，首先是刘炜，我们并肩成长，一起打拼，这段共同的经历是我最珍视的人生片段，还有大郅和奥尼尔，他们是我追赶的目标与前进的动力，没有他们，我就不是今天的我；还有范斌，他是我国家队的良师益友，还有沈巍、贾效忠、章文琪、李楠、巴特尔、易建联、弗朗西斯、莫布里、麦蒂、巴蒂尔、穆托姆博、海耶斯、斯科拉、布鲁克斯和洛里以及所有和我一起在徐汇区业余体校、上海青年队、上海东方大鲨鱼队、休斯敦火箭队、国青男篮、国家男篮一起奋斗过的队友们，还有在 CBA、NBA 和世界赛场上每一次同场比赛过的对手们，一起挥汗如雨的日子永远令人难忘。

当然，要感谢的还有我的管理团队——"姚之队"，感谢章明基、陆浩、约翰·海逊格、比尔达菲、比尔桑德斯、李璐、伊朗纳和张弛，以及现在还在台前幕后忙碌的成员们！多年来，你们帮我做了很多事情，我不会忘记。

借此机会，我还要特别感谢常年关注我的新闻界的朋友们，感谢我的赞助商和合作伙伴，和你们的交往使我受益匪浅。还有各位球迷朋友，不论是"黑"还是"蜜"，无论是国内的还是国外的，感谢所有关注我的朋友。大家的关心使我得到信心和勇气，大家的批评使我修正了缺点和不足。今天提到的和没提到的，你们每一个人，都在我的心里。总而言之，我感谢所有的亲人和朋友多年来的陪伴，我会继续做好我自己，（我会离开大家）口误，不好意思，我不会离开大家的。姚明和朋友们永远在一起！谢谢大家。

最后，我感谢这个伟大进步的时代，使我有机会实现自己的梦想和价值。我曾经说过有一天我的职业篮球生涯结束了，我希望那只是一个逗号，不是句号，今天，这一天终于到来了。但我没有离开心爱的篮球，我的生活还在继续，我还是姚明。我还有很多事情在做，远远没有达到画上句号那一天，祝朋友们健康快乐！祝福我的家乡上海，第二故乡休斯敦火箭队，我伟大的祖国！让大家拥有篮球更美好的明天！

□ **训练2：致谢情境模拟演练与体验**

请分角色扮演模拟演练与体验下列的致谢情境。

◆ **演练与体验1**

请结合自己的经历，模拟一下自己曾对亲人、师友有过怎样的致谢表达。

◆ **演练与体验2**

请拟写一段对某位同学或老师的致谢语,并朗读出来。

◆ **演练与体验3**

试着描述身边一位善说致谢语者的致谢言行,分析他的表达方式和表达效果。

◆ **演练与体验4**

搜集并分析影视歌明星在各种颁奖礼上的致谢语言。

口才金言

称赞不但对人的感情,而且对人的理智也起着很大的作用。

——列夫·托尔斯泰

实践情境6

道　　歉

实践提示

我们大多数人都曾受到过这样的告诫：犯了错误就要道歉，方式可以不拘一格，但只要表示出了歉意，多数矛盾便可得到化解。诚然，我们任何人都离不开道歉。道歉就是要为自己的行为负责，并对被冒犯者做出补偿。成功的道歉能够实现宽恕与和解，化危机为转机，继续发展双方之间的关系；拖延、敷衍，或者没有道歉，则使冒犯横在中间，损毁双方的关系。出了问题，乐于道歉，得到宽恕与和解，常常是良好关系的标志。很多时候关系冷漠而又疏远，就是因为拒不道歉的结果。然而，要想使道歉达到预期的效果，可不是仅仅说一句“对不起”那么简单了。道歉也是门学问，懂得并运用道歉的艺术是很重要的。

实例点击

马英九的危机

2009 年，台湾“莫拉克”风灾导致上千人伤亡，民众的生命财产损失惨重。当马英九在救灾现场视察时被记者询问，他说：“这个地区从来没有发生这么严重的灾情，所以民众没有做好充足的准备；如果民众做好准备，他们就会及早撤离，可是这些人死守家园，你看看，他们没有理解到这次风灾有多严重。”

结果，他的话语一经报道，立即遭到本来就对救援工作不满的灾民和媒体的强烈批评，支持率一度跌至 47%，引发了一场严重的危机。

分小组讨论：马英九的危机是怎么产生的？

【5 分钟后分别请几个小组的同学代表到台上来陈述自己小组的见解。】

实践方法指导

一、道歉的基本要求

1. 态度真诚

道歉不是一种为自己狡辩的伎俩，更不能拿来骗取他人的宽恕。是否是真心的道歉，是否在敷衍,体现了道歉人的反省深度,很容易就能被分辨出来。道歉人必须要为自己的过失对他人产生的损失或者伤害感到自责,勇于承认过失,才能够做到真心的道歉。

2. 立场同一

立场同一就是"将心比心"。道歉始于怀有歉疚之意,为给他人造成的痛苦、失望、不便感到后悔,为自己的行为、自己的无能为力和对他人造成的影响道歉,表达出因自己伤害了他人而内疚、羞愧和痛苦。表示歉意时,要先把自己与对方的地位放平,在内心深处将自己转换成受到伤害一方,感受到对方的愤怒、痛苦等负面情绪;同时,让对方感受到你也受到了一定程度的伤害,以显示出与对方就同一事情的同理心。然后,再把是否原谅或者宽恕的权力,交给对方。

3. 内容集中

内容集中就是在道歉时要将所表述的致歉内容集中于自己一方,而不要将过失责任分担到对方身上,要坚决避免集中于对方不快的道歉形式,例如,"我很抱歉,你和我在一起似乎并不很快乐"、"我很抱歉,对于这件事竟会让你如此疯狂。"或者"对不起,我刚才太激动了,但是这件事是由你引起的……"这些说法更多地像是在推卸自己的责任。一旦我们在口头上把责任推卸给对方,道歉就变成了攻击,而攻击永远不会带来对方的宽恕与和解。

4. 表达及时

正如沟通和反馈的原则一样,道歉及时与否,效果将大相径庭。如果因为客观原因导致不适合在当下道歉,那么也不宜将时间拖得过久;否则,一旦对方心中的积怨已深,那么道歉效果将会大打折扣。但如果双方都在气头上,立刻道歉的效果也好不到哪里去,在冷静过后的第一时间道歉,才是最为理想的选择。

二、道歉的常用技巧

1. 直接道歉

直接道歉是指以直接的方式表达歉意,申明道歉的意图,一般采用"道歉"、"歉意"字眼,如"我对此表示歉意",或者添加相关副词,如"诚恳"、"郑重"、"深切地"等。这种道歉方式,显得道歉者十分坦诚、真实、不推诿责任,容易获得对方的信任和谅解。

参考案例

黄健翔:在昨晚世界杯足球赛意大利队同澳大利亚队比赛的最后几分钟,我的现场解说评论夹带了过多的个人情绪……给大家造成了不适和伤害,在此我向观众们正式道歉。

黄健翔的道歉直截了当,承认了自己的错误,使用了"郑重"来修饰"道歉",表明其道歉的诚意和决心。

2. 承认过错

承认过错是指道歉者具体地指出自己的不当言行在什么地方出现了过失，常出现“我错了”、“我承认”、“我认识到”等字眼。在道歉过程中，最重要的是让对方听到道歉者为自己的错误承担责任的道歉语言，正是这些承担责任的话使他人相信道歉是真诚的。在有些情况下，仅仅说“对不起”，而不明确说明自己的过错在哪里，给对方的潜台词则是道歉者已经很不耐烦，为了尽快结束这个话题而说的场面话。

参考案例

拉里和吉尔结婚25年了。拉里对一个情感问题专家说：“几年前，吉尔的一个叔叔给了我们一笔钱。我认为这笔钱应该用作一家人的生活费，但她却觉得那是叔叔给她的礼物，她想怎么花就怎么花。结果没过多久，她就把钱花光了。为此我很恨她。但我从来没对她说过任何刻薄的话，只是告诉她我的感受。”

有一天，吉尔来向他道歉：“我意识到，我不该那样处理俄尼叔叔的那笔钱，而应该与你商量，一起决定怎么使用它。现在我意识到自己的做法很自私，伤害了我们的关系，对此我很难过。我承认是我错了。”

那么拉里是如何回应的呢？

拉里说：“我接受了她的道歉并原谅了她。因为既成事实，钱也已经花光了，所以应该着眼于现在，而不是追究过去。我告诉她，我很爱她，也不会因此就跟她过不去。结果我们俩相拥而泣——我们的关系在此时得到医治。后来她告诉我，她担心我会很生气，永远也不原谅她。但我怎么会那么做呢？她已经真诚地道过歉了，不是吗？”

对于拉里来说，真诚意味着承认过错。

3. 解释说明

解释说明是指向对方解释说明造成不当行为发生的原因，希望对方明白其不当言行是“情有可原”的。在道歉中，通过解释说明尽量增加对方的同情，获得对方的谅解。

参考案例

黄健翔解释了自己在比赛解说中为什么有倾向于意大利队的激烈言辞，表明自己并不是有意的，他说：“我对意大利足球相对比较熟悉，内心里相对希望意大利队能够出线，使后面的比赛更加精彩，但解说中我不恰当地把个人对球队的热爱与自己的岗位角色相混淆了。”

4. 表达关心

表达关心是指道歉过程中对对方受损害的情绪或者处境表示关心、关切，很在乎对方目前的感觉，通过这种方式，增加对方的同理心，消除对方的敌对情绪，争取获得谅解。

5. 提出补偿

提出补偿是指提出愿意用实际行动来弥补自己的不当言行，缓解对方的痛苦。《新韦氏词典》将“赔偿”定义为，“归还给合法拥有者的行为”或“对所损失或损坏的东西等做出对等的赔偿”。任何伤害或冒犯都会给受害方造成损失，也许伤及他（或她）的自尊心，也许伤及其切身利益。因此，道歉者提出赔偿损失是一种善意的举动，让自己少收益多吃亏，补偿了对方的不平心理。

参考案例

2011年7月12日，网易国内服务器更新最新客户端的《魔兽世界·大地的裂变》，由于首日客户端更新出现错误，部分玩家无论是通过光盘还是下载均无法正常更新，以至于玩家通过下载工具直接下载绿色客户端激增。

迅雷就此发布公告称，由于魔兽的新版本更新，导致并发下载量剧增，部分会员用户离线下载服务受到影响。迅雷表示歉意，并做出补偿。具体补偿细节为：7月12日晚上9点至7月13日中午12点使用迅雷离线下载受到影响的会员，都可以获得价值20元的迅雷礼包补偿，而在此期间通过离线下载下过《魔兽世界·大地的裂变》客户端或补丁的会员（无论哪种资源），则可以获得20元的迅雷礼包或者15元的魔兽点卡补偿，活动有效期截至7月22日。

6. 真诚悔改

就道歉而言，“悔改”一词意味着道歉者认识到自己某种行为的破坏性，要为对方造成的痛苦而抱歉，于是在道歉时保证今后不再发生类似的行为。比如，道歉时说“我保证不再犯”、“我努力不再做这样的事”、“我们将制订一个切实可行的改进计划”等这样的句子。

7. 表示感谢

表示感谢是指在对方明确表达抱怨不满或者提出问题时，从善意的角度理解对方，以积极的态度面对，并表示谢意，正所谓危机也是转机，如“谢谢你告诉我这件事”、“谢谢你让我注意这件事”这样的话语，不但跟对方道歉了，而且表达出道歉者敢于负责的立场。这样的道歉方式可以让对方的抱怨转为合理性意见建议，是最好的一种道歉方式。

【小链接】

麦当劳的回应

上央视“315”晚会，对于品牌来说，是一个致命的打击。不管企业之后多么痛改前非，痛定思痛，也改变不了产品质量不合格的事实。在2012年央视“315”晚会上，一批国内外知名品牌被曝光存在质量问题，其中也包括麦当劳。

节目播出一个小时后，麦当劳第一个站出来通过官方微博做出回应：“央视‘315’晚会所报道的北京三里屯餐厅违规操作的情况，“麦当劳中国”对此非常重视。我们将就这一个别事件立即进行调查，坚决严肃处理，以实际行动向消费者表示歉意。我们将由此事深化管理，确保营运标准切实执行，为消费者提供安全、卫生的美食。欢迎和感谢政府相关部门、媒体及消费者对我们的监督。”

这个回应可谓微博时代最经典的微博回应之一。说其经典，是因为其措辞的精心准备，以及背后传递的多层意思，精准、老练、沉着，以及富有公关技巧。先不分析句式，看看这个微博，总共四句话，分别代表了四层意思：界定问题—表明态度—改善行动—明确传递对象。让我们逐一分析下这四句话的公关辞令以及背后的策略意图，便知为何经典了。第一，界定问题。麦当劳开篇就把三里屯店推上前台，将问题的范围，界定到单店，这样可以把问题由严重到轻松化解；其次，用了“违规操作”这个词，把问题的属性进行了界定，这证明并非麦当劳模式问题，而是操作层的问题，将问题的层级又进行了划定，界限分明。第二，表明态度。麦当劳连续用了多个程度副词：“非常”、“立即”、“坚决严肃”、“以实际行动表示歉意”、“深化”、“确保”等，这些程度副词都在传递一个信号，最小的事情，麦当劳也是最高的重视和处理意见，这也从辞令上传递出企业的管理责任和对事情的态度，这些都是媒体比较喜欢的程度副词，这是多年经验得出的公关标准词，比起狡辩强上万分。第三，改善行动。麦当劳将改善行动锁定为“深化管理，确保营运标准切实执行，为消费者提供安全、卫生的美食。”这又是巧妙地将问题再次定性为管理问题，而且还借助央视舞台传递的运营手册，再次强调麦当劳的标准没问题，是执行问题。只要确保标准执行，就可以确保结果——为消费者提供安全、卫生的食品。值得一提的是，后面的结果，可谓一语双关，一方面可以让人感知“你们要怎么解决？”“解决到什么程度？”这一问题，更是重申麦当劳的使命和价值观。第四，明确传递对象。麦当劳用了“政府相关部门、媒体及消费者”来定性描述，这里面明确地表明麦当劳对三个最主要的利益相关群体的回应，并暗示问题从哪里爆发，就回应给谁。这是最值得称道和技巧的部分，也是遇到同样问题并做回应的家乐福和麦当劳的不同之处。家乐福仅仅用了个“社会各界”，有敷衍和草率之嫌。

三、消极道歉的几种情况

1. 含蓄否认

含蓄否认是指不承认自己的不当言行，不直面自己的错误，顾左右而言他。

2. 寻找借口

寻找借口是指为自己的过失言行寻找客观的始料未及的原因，推卸主观的原因。

3. 归咎他人

归咎他人是指将自身的过失言行原因归咎他人，让他人承担责任的开脱方式。这种推脱责任的道歉，在道歉对象看来，毫无诚意，更像是另外一种攻击。

4. 解释否认

解释否认是指对他人所诉过失不予承认，继而解释否认他人所诉过失的客观存在的方式。

实践强化训练

□ 训练1：道歉情境案例分析与讨论

请分析与讨论下列道歉情境案例中道歉者的“得”或“失”。

◆ **案例1**

在某公司的一次会议上，一位年资较浅的副总裁对管理团队中一位高级总裁提出了反对意见而且固执己见，引起这位总裁的强烈不满。于是，这位高级总裁当着团队其他人的面对副总裁进行了攻击，对她冷嘲热讽，指责她智商有问题，批评她在公司遇到困难时动摇决心等。当团队的其他成员向他指出应该为此道歉时，他却不予理睬，说道：“她不高兴我很遗憾，可我并没有错，她应该学会如何承受压力。”结果，事态更加恶化。

◆ **案例2**

李丽和丈夫王青因为一件小事吵了架，王青道了歉，但是李丽仍然怒气未消。

事情是这样的。有天晚上，王青把李丽留在家里照看孩子，自己去参加一个同事的生日聚会。因为王青通常上的是从晚上10点到第二天早上6点的夜班，所以李丽特别在意晚饭时一家人团聚的宝贵时光，所以她表示了不满，不愿意丈夫出去聚会。王青觉得已经答应了人家，于是不顾妻子的反对，执意要出去，并说：“我也就出去一个小时，一个小时以后就回来”。

结果，两个半小时之后，李丽和孩子都已经睡下了，王青才回来。面对老婆的不满，王青道歉说：“是我不对。”但随后说：“你怎么像孩子一样无理取闹，何况我有外出的自由……”

◆ **案例3**

2011年9月10日教师节当天，陷入“家暴”传闻的疯狂英语创始人李阳在微博上承认自己曾有家暴行为，并深刻反省，“我向KIM(其妻)正式道歉，我对她实施了家庭暴力，造成了身体和心灵上的严重伤害，对孩子也产生了不良的影响。我也向所有人道歉，我将深刻反省我的行为。”

但是次日，在接受记者电话采访中，李阳称，之所以对家暴事件没有及时回应，是因为当时情绪还没有平静。“我肯定要把丑话都说出来，她脾气暴躁……”而如今之所以道歉，是因为如果“这个事能促进家庭暴力立法，能促进(更多家庭)反省也是个好事吧，当你跳出来觉得它能够帮到别人时你就没情绪了。”

◆ **案例4**

台湾女星杨丞琳曾因自己对于“抗日战争才八年而已哦”的说法而道歉：“大家好，我是杨丞琳，我不太会说话，但还好有所有的媒体朋友和歌迷一路上对我的支持。”

◆ **案例5**

美国总统华盛顿有一次就是以真诚的道歉赢得了他人的尊重。那是1754年，华盛顿还是一位上校，率领部下驻守在亚历山大里亚。有一次选举弗吉尼亚议会议员时，一名叫威廉·佩思的人反对华盛顿所支持的候选人。据说，华盛顿与佩思在关于选举问题的某一点上发生了激烈的争论，他说了一些冒犯佩思的话。佩思把华盛顿一拳打倒在地，华盛顿的部下马上赶了过来，准备替他们的长官报仇。华盛顿当场阻止，并劝他们返回营地。

第二天一早，华盛顿递给佩思一张便条，要求他尽快到当地的一家小酒店去。佩思如约而至，他是准备来进行一场决斗的，但令他感到惊奇的是，他看到的不是手枪而是酒杯。

华盛顿说："佩思先生，犯错误乃人之常情，纠正错误是件光荣的事情。我相信昨天我是不对的，你已经在某种程度上得到了满足。如果你认为到此可以解决的话，那么请握我的手——让我们交个朋友吧。"

佩思十分激动地伸过手来。从此以后，佩思成了一个热烈拥护华盛顿的人。

□ **训练2：道歉情境模拟演练与体验**

请分角色扮演模拟演练与体验下列的道歉情境。

◆ *演练与体验1*

家庭生活中我们每个人都曾经因为犯错而伤害到自己的亲人，你是否有过道歉的举动？如果有，你是怎么道歉的？请模拟自己当时道歉的情景。

◆ *演练与体验2*

你在与同学朋友交往中，有没有哪件事伤害到自己，而对方对自己表达了歉意，令自己印象深刻的？如何道的歉，会让你我心头一热？如果有，请模拟当时自己同学或者朋友道歉的经过。

◆ *演练与体验3*

下面是对客户道歉时的几种说法：

——对不起。

——我向您道歉。

——我谨代表公司跟您道歉。

——不好意思，对您造成困扰，我跟您道歉。

◆ *演练与体验4*

假设你是一名中学班主任，有名平时爱玩游戏的学生上课期间因为急性肠炎，拉肚子拉得厉害，没有顾得上请假就去了医院看病。任课老师把情况反映到你这里来，说是无故旷课。连你也以为他是逃课出去玩游戏了，于是在未弄清原因的情况下就当众批评了他："又逃课玩游戏，游戏重要还是学习重要？"后来在这名学生的宿舍同学的证明下，你才发现错怪了这名学生。你因此感到歉意，请问，你会向这位同学表达歉意吗？

◆ *演练与体验5*

每个人都有自己最常用的道歉语言，比如"对不起"、"我错了，我向你道歉"、"我错了，我以后一定改正"或者"我向你表示歉意，希望能做点什么补偿自己的过失"等，并在感到歉意时说出口，但很少有人真正有意识地分析自己最常用的道歉语言是什么。试分析自己常用的道歉语言是什么，并评价其效果。

口才金言

真正的强大在于，有足够的智慧和勇气知错就改。

——斯宾塞·约翰逊

实践情境7

赞 美

实践提示

在社交实践中，赞美能够让你懂得发现和欣赏他人的长处，并使自己以开放的胸襟和乐观的态度生活。因为，希望得到他人的赞美，在他人的赞美声中感受到自我价值的实现，这是人类共同的天性。在每个人的身上，不管是杰出人物，还是普通人士，其实都有许多值得赞美的闪光点。在社交实践中，如果能够乐于和善于发现他人身上的优点，并能够恰到好处地予以赞美，无疑能够密切你的人际关系，让他人更喜欢你，让你交到更多的朋友。

实例点击

真诚的赞美：洛克菲勒的交际秘诀

美国“石油大王”约翰·洛克菲勒在人际交往中善于运用真诚的语言来赞美他人，以此来维系良好的人际关系，这是他的交际秘诀。

一次，洛克菲勒的一个合伙人爱德华·贝德福特，在南美的一次生意中处置失当，使公司损失了上百万美元。贝德福特垂头丧气地来见洛克菲勒，洛克菲勒本可以指责他的过失，但他并没有这样做，他知道贝德福特已经尽了他最大的努力，不能把他的功劳全部抹杀。

于是，洛克菲勒另外寻找一些话题来称赞贝德福特。约翰·洛克菲勒把贝德福特叫到办公室，真诚地对他说：“干得太棒了，您不仅保全了60%的投资金融，而且也为我们敲响了一记警钟。我们一直都在努力，并且取得了几乎所有的成功，还没有尝到失败的滋味。像这样也好，我们可以更好地发现自己的错误和缺点，争取更大的胜利。更何况，我们也并不能总是处在事业的巅峰时期。”

几句赞美的话语，把贝德福特夸得心里暖呼呼的，也深深地打动了他，两人结为至交。后来，在洛克菲勒的创业中，贝德福特做出了很多重大的贡献。

分小组讨论：洛克菲勒的交际秘诀对你有何启示？

【5分钟后分别请几个小组的同学代表到台上来陈述自己小组的见解。】

实践方法指导

一、赞美的基本原则

1．实事求是

赞美他人应当实事求是地肯定赞美对象身上的优点和长处，让人感觉可信，而且口服心服，而不是不看对象地一味说好话，这就要求将赞美建立在客观事实的基础上。尤其在公开场合赞美一个人，一定要经过认真考察，全面了解，深思熟虑，力求公正，平理若衡，言之凿凿。

2．态度诚恳

赞美应该发自内心的真诚，让人感觉到真心实意，让对方能够愉快地接受，而不是虚伪客套、逢迎拍马、敷衍应付，甚至有所企图。“久仰大名、如雷贯耳”之类缺乏真情实感的、完全公式化的寒暄客套决不会打动人心，言不由衷的赞美可能会使听者大倒胃口，带有某种请求企图的赞美效果更会大打折扣。

3．措辞得当

赞美时要注意遣词用句，赋予恰当的感情色彩，宜多用尊敬和礼貌用语，以表示尊重对方的感情和人格，要避免使用让人产生误解和粗鲁、生硬乃至污秽的词语。同时，赞美的语言一般不可太过直白或单调，更不能油嘴滑舌，大而无当，必须恰到好处，实实在在。

4．区别对象

赞美时要注意在区别对象的基础上做到因人而异，即要考虑到每个人的年龄、性别、身份、性格、爱好、所处环境等不同，有针对性地赞美对方，选择不同的赞美内容和赞美方式，不可用一个模式“一劳永逸”地套用所有人。有时即使是同一个人，他所处的环境变化了，那么赞美的内容和方式也应当有所变化。

参考案例

传说朱元璋当了皇帝以后，他从小一起玩的朋友向他求官。一个朋友见了朱元璋后说：“吾王万岁！当年微臣随驾扫荡庐州府，打破罐州城，汤元帅在逃，命令豆将军；红孩儿当关，多亏菜将军。”

另一位朋友听说此事以后，也想到朱元璋那里讨个一官半职。他见了朱元璋，竹筒倒豆子似地说了起来：“吾王万岁！还记得吗？从前你我都替人家放牛，有一天我们在芦花丛里，把偷来的豆子放在瓦罐里煮，还没煮熟，大家便抢了起来，结果罐子打破，撒了一地的豆子，汤泼在泥里。你只顾满地捡豆子吃，不小心把红草叶子送到嘴里。叶子哽在喉咙里，苦得厉害。幸亏我出了个主意，叫你把青菜叶子吞下去，才把红草叶子带到肚里去……”朱元璋在大殿上听了这些不顾体面的话，不等说完就喊到：“推出去斩了！”

二、赞美的常用技巧

1. 寻找亮点

如前所言,每个人的身上其实都有许多值得赞美的闪光点,哪怕是最普通不过的人,只是这需要我们乐于发现和善于发现。换种心态看问题,换个角度看事物,你就会在对方的平凡之中发掘出他独特的闪光之处,如果再能够以此给予对方真诚而鲜明的赞美,这就是赞美的一种无技巧的至高技巧了。

2. 寓赞于事

寓赞于事就是在赞美他人的时候,不是直接地表达那些溢美之词,而是把对对方的赞美之情通过讲述相关的真实发生在身边的事实、事例表达出来,寓赞美之情于事实之中,这样就可以避免直白表达可能给人的虚夸感、吹捧感,使赞美也具有说服力,同时亲切生动的事例更具有感染人的力量。

参考案例

中央电视台主持少儿节目的鞠萍是小朋友们眼中的大朋友。她主持的《七巧板》节目开播后,一位老人来信说:“您可知道,每逢您主持的节目一开始,我们和5岁的孙子曹雷,都坐在电视机前,甚至大人说话他都要制止,神情专注地听您讲解。您对少儿的耐心和温和的言行举止,给他的影响太深了。有一次他做错了事,气得我要打他,他说:‘爷爷,您别打我,鞠萍阿姨从不打她身边的那些孩子,下回我听话了,听您的话,听鞠萍阿姨的话。’”

3. 假借他人

在社交实践中,有时候间接赞美比直接赞美的效果更好,而其中假借他人进行赞美不失为一个很好的办法,即借助第三者来传递给予赞美对象的赞美之情。具体有两种情况:一种是引用他人对赞美对象的评价,可以使用“××说”、“大家都说”这样的句式;另一种是在赞美对象面前赞美与他有关的人,例如,你当着一个人的面赞美他妻子,自然会使赞美对象心情舒畅。

4. 寓褒于贬

寓褒于贬就是在赞美他人的时候,以幽默的方式故意使用反话来表达自己对他人能力、成绩、认真负责态度等的“不满”或“嫉妒”,名为“不满”、“嫉妒”,实为褒奖和赞赏;所以这样的“不满”和“嫉妒”,不但不会令对方不快,反而更会给对方带来自我价值的满足感。当然,寓褒于贬一般更适用于关系亲密的朋友之间。

参考案例

一位作家与一位朗诵家是好朋友。有一次，朗诵家得了艺术节的大奖，所在单位也为他举行领奖纪念会。作家将一束鲜花献给朋友，然后做了这样的致辞："我参加老何的领奖纪念会已有好几次了。连连得奖，不断开会，我都替老何感到麻烦了。你就不能少得几次奖？每当这时候，我就要赶来参加庆祝会了，而且，还得买一束鲜花，要知道，鲜花可不便宜呀。送起来就没完了，换了诸位，也会嫌破费的。下一次，有没有哪位愿意替我送送？你看，没人愿干。要我说，老何你差不多就行了，别再接连不断地领奖了，否则将来太可怕了！"

5. 着眼细节

对于大多数人来说，在日常生活中，有非常显著成绩的时候并不多见，这就要求在赞美他人的时候，应当从具体的事件入手，善于发现赞美对象身上哪怕是最微小的长处，善于发现他人容易忽略的细节，并不失时机地予以直接而真诚的赞美，往往会令赞美对象有意外的惊喜感，促进交往。

参考案例

有一次，几位朋友到小林家聚会，有人带来了一位新朋友孙女士，作为主人的小林自然过来打招呼，与她坐在一起。初次见面，寒暄过后一时无语，但很快小林就发现孙女士的皮肤特别白嫩，光彩照人。于是，小林羡慕地说："您的皮肤保养得真好！白里透着光泽，配上这套橘红色的裙子，衬托得脸色特别好。"话刚说完，孙女士眼里一亮，原来她对皮肤保养颇有心得，两人从保养皮肤谈起，聊得十分投机。

6. 突出重点

在社交实践中，赞美一个人要抓住他最看重的东西，抓住他最引以为自豪的东西，将其放到突出的位置加以赞美，最大限度地满足对方的心理需要。抓住并突出重点赞美可以说是赞美最重要的原则，也是最基本的技巧。比如，老年人总希望别人不忘记他"想当年"的业绩与雄风，为人父母的人可能最喜欢听到别人称赞他们的孩子，事业刚刚起步的年轻人更乐于他人称赞他的开拓精神等。

三、赞美反馈的技巧

1. 肯定式反馈

赞美与被赞美是一个过程，被赞美者对于赞美者给予及时得体的反馈也是必不可少的条件。肯定式的反馈就是指自己认为对方的赞美于己而言当之无愧，而给予对方的赞美以肯定性的反馈，这样会激起赞美者被认同后的兴奋感，有助于密切彼此关系。

2. 谦虚式反馈

在中国传统文化背景下，较多使用的一种赞美反馈形式就是以谦逊的态度对待他人的赞美。但是这种反馈技巧必须使用得当，把握好分寸，忌用全盘自我否定的词语，因为不当的自谦会给人造成“虚伪”之感，而且也等于全盘否定了赞美者。

参考案例

一位英国老妇到中国旅游观光，对接待她的导游小姐评价颇好，认为她服务态度好，语言水平也很高，便夸奖该导游小姐说：“你的英语讲得好极了！”导游小姐按照中国人的习惯，谦虚地回应说：“我的英语说得不好。”英国老妇一听生气了，心想：“英语是我的母语，难道我都不知道英语该怎么讲？”她越想越气，第二天坚决要求旅行社给她换导游。这件事在旅游行业乃至所有的窗口行业引起极大反响。其实，面对外宾的表扬，最得体的回答就是不卑不亢地说声“谢谢！”

3. 致谢式反馈

例如，面对赞美，被赞美者高兴地说一句：“谢谢您的鼓励！”就是一种既简单又得体的反馈方式。而且当赞美的事实与赞美者有直接或间接的关系时，致谢又有更深层的含义，比如，“我能取得这样好的成绩，还不是大家帮助的结果！”

4. 互酬式反馈

面对赞美，被赞美者同样以真诚的口吻给对方以赞美，也是一种很有积极意义的反馈形式。这样以赞美回报赞美，能引出热烈的气氛，有利于交往的纵深发展，但要注意适可而止，不可你来我往，没完没了，变得庸俗。

参考案例

总经理夸赞公关经理说：“这次你率领公关部的人员，成功地接待了外宾。外宾十分欣赏你出色的外交应酬能力，‘三个优’(Thank You)都说了好多遍。你的外语水平竟然那么高，真叫我高兴！”

公关经理听了总经理的夸赞，非常得意，当即回称道：“总经理，养兵千日，用兵一时，我今天能够为公司出一点力，全靠您舍得智力投资，若不是您几次派我出去进修，实习英语，我怎能有这样的能耐呢？我得感谢您哩！”

【名人与口才】

• 林肯 •

美国总统林肯出身于农民家庭，当过雇工、石匠、店员、舵手、伐木者等，社会地位卑微，但从不放松口才训练。17岁时他常徒步30多英里到镇上，听法院里律师慷慨陈词的辩护，听传教士高亢悠扬的布道，听政界人士振振有词的演说，回来后就寻一无人处精心模仿演练,终于口才日日进步。有一年的夏天,他为准备在伊利诺斯一次集合上的演讲,面对光秃秃的树桩和成片的玉米,一遍又一遍地试讲。后来林肯不但连任两届总统,而且成了世界著名的演说家。

实践强化训练

□ 训练1: 赞美情境案例分析与讨论

请分析与讨论下列赞美情境案例中赞美者的"得"或"失"。

◆ **案例1**

某人这样称赞她的同事:

——你今天穿的这件衣服,比前天穿的那件好看多了!

——去年你拍的那张照片,看上去多么精神啊!

——你长得太漂亮了,当年的王昭君、赵飞燕、杨贵妃也不过如此吧!

——你这篇文章写得不错!

◆ **案例2**

下面是两位青年拜访大学教授的情景:

——小陈去拜访一位大学教授,一见面就说:"久闻您老的大名,您老真是才高八斗、学富五车。"教授笑眯眯地反问:"你说说看,我有哪八斗才,哪五车学?"小陈闹了个大红脸。

——小张去拜访一位大学教授,因初次相见,彼此有些不自然。小张猛然想起这位教授在业余十分喜欢收集"火花",便说:"王教授,我听说您在著书立论之余还一直精心地收集'火花',这确实是件有特殊意义的好事。因为它使我扭转了一个印象:教授学者都是戴着近视眼镜的学究。今天我才知道,教授学者是生活更丰富的人!"王教授听后,心里很是欣喜,对这位青年的细心与理解十分感激,很快就与小张变得很投机。

◆ **案例3**

中秋节将至,宾馆姜经理决定发给每位员工500元过节奖金。小陈高兴地跳起来,对姜经理说:"太好了,您想得真周到,我正好手头缺钱用,这下子可派上用场了!"姜经理听后不但没有高兴起来,反而觉得小陈是个很自私、狭隘的人。

而另一位服务员小宋却这样说:"姜经理,难怪大家都在暗地里对您竖大拇指,说您很关心、体贴员工呢!我们都觉得有这样的领导真是我们的幸运。"姜经理笑了。

◆ **案例4**

原一平有一次去拜访一家商店的老板。

——"先生,你好!"

——"你是谁呀?"

——"我是保险公司的原一平,今天我刚到这里,想请教您这位远近出名的老板。"

——"什么?远近出名的老板?"

——"是啊,根据我听到的情况,大家都说这个问题最好请教你。"

——"哦!大家都在说我啊!真不敢当,到底是什么问题呢?"

——"实不相瞒,是……"

——“站着谈不方便，请进来吧！”

◆ 案例5

小李对小张的妻子说：“你家小张的办事能力真是挺强的，上次去海边要不是他下去和交警解释，估计咱们司机非得和人家打起来不可，我们都得跟着倒霉，真得谢谢他。”

◆ 案例6

某女士而立之年尚未婚配，后经其好友介绍，同一位老师喜结良缘，其好友前去贺喜，这位女士故作愠态，说：“你真多事，都怪你给我当红娘，让我同他白头偕老，破坏了我们的姐妹情，你太不够意思了！”

◆ 案例7

甲乙两个猎人，各猎得两只野兔回来。甲的妻子见后，冷冷地说：“就打了两只啊？”甲知道妻子在心里埋怨着他。第二天，他故意空手回家，让女人知道打猎是不容易的事情。

乙猎人所遇则恰好相反，他的妻子看见他带回两只野兔，就欢天喜地地说：“你竟然打到了两只?!”乙听了心中喜悦，“两只算什么？”他高兴得有点骄傲地回答他的女人。第二天，他打回来四只野兔。

◆ 案例8

电影演员古月作为扮演毛泽东的特型演员取得了巨大的成功。他扮演的毛泽东形神兼备，得到了专家和观众的认可。这与他妻子桂萍的赞美和鼓励是分不开的。

古月在“触电”之前在某单位当科长，是部队机关里公认的有水平的中层领导，是“第三梯队”的候选人，可以说“仕途坦荡”。他对自己能否被选上特型演员心里没底，即使选上了，自己没有演过戏，能行吗？是他妻子桂萍的一席话打动了古月：“你的确是当官的料，领导也信任你，可当演员毕竟是一门不同寻常的职业啊！你是从孤儿院被解放军救出来的，你感谢共产党，深爱毛泽东。你现在只是用辛勤工作表达你个人的感情。而你当演员可以通过表演去表达千百万人的感情。再说，你学什么都成，学表演也准行！”妻子赞美加鼓励，使古月吃了“定心丸”，从电影的门外汉，成为著名演员。古月后来回忆这段经历时常说：“‘你学什么都成，学表演也准行’这句话，使我终身受益。”

◆ 案例9

1997年，金庸与日本文化名人池田大作展开了一次对谈。在对谈刚开始时，金庸表示了谦虚的态度，说：“我虽然跟过去与会长（指池田）对谈过的世界知名人士不是同一个水平，但我很高兴尽我所能与会长对话。”

池田大作听罢赶紧说：“您太谦虚了。您的谦虚让我深感先生的‘大人之风’。在您的72年的人生中，这种‘大人之风’是一以贯之的，您的每一个脚印都值得我们铭记和追念。”

池田说着请金庸用茶，然后又接着说：“正如大家所说‘有中国人之处，必有金庸之作’，先生享有如此盛名，足见您当之无愧是中国文学的巨匠，是处于亚洲巅峰的文豪。而且您又是世界的‘繁荣与和平’的香港舆论界的旗手，正是名副其实的‘笔的战士’。《春秋·左传》有云：‘太上有立德，其次有立功，其次有立言，虽久不废，此之谓三不朽’。在我看来，只有先生您所构建过的众多精神之价值才是真正属于‘不朽’的。”

◆ 案例10

尼克松一度认为，法国总统戴高乐“冷酷、小气、傲慢且极端自负，简直是无法相处”。

然而,由于后来戴高乐恰到好处的一句赞美,彻底扭转了尼克松对他的印象,认为他"确实是个值得一交的朋友"。

1960年,戴高乐访问美国时,在一次尼克松为他举行的宴会上,尼克松夫人费了很大的心思布置了一个美观的鲜花展台:在一张马蹄形的桌子中央,鲜艳夺目的热带鲜花衬托着一个精致的喷泉。精明的戴高乐一眼就看出这是主人为了欢迎他而精心设计制作的,脱口而出称赞道:"瞧这美丽的鲜花与喷泉,女主人真是独具匠心,品位非凡,这一定花了很多时间来进行这么漂亮、雅致的计划与布置。"尼克松夫人听了,十分高兴,喜悦之情溢于言表,她感动地说:"大多数来访的大人物要么不加注意,要么不屑为此向女主人道谢,而您总是想到和赞美别人。"尼克松也是喜笑颜开,就此改变了认为戴高乐难以相处的印象,对他产生了好感。

□ **训练2:赞美情境模拟演练与体验**

请分角色扮演模拟演练与体验下列的赞美情境。

◆ ***演练与体验1***

你的一位女同学(同事、朋友)戴了一条漂亮的新项链,你如何赞美她?

◆ ***演练与体验2***

请练习赞美你的同学的某一方面,比如相貌、特长等。

◆ ***演练与体验3***

你去同学新装修的家作客,你如何赞美他的家?

◆ ***演练与体验4***

你的一位同学参加某项大学生竞赛活动获得了好成绩,你如何赞美他?

◆ ***演练与体验5***

你的社交口才训练老师的课程非常受同学们的欢迎,你将如何赞美他?

◆ ***演练与体验6***

甲乙一对多年未见面的朋友,有一天偶然见面,乙一眼就认出甲来并呼出对方的姓名。甲乙二人如何继续后面的对话才会使气氛更加融洽?

口才金言

赞美是照在人心灵上的阳光。没有阳光,我们就不能生长。

——威廉·詹姆斯

实践情境8

批　评

实践提示

在社交实践中，必要的批评是我们不应该回避的，因为没有人会永远不犯任何错误。有效的批评是运用恰当的语言技巧指明对方的错误，并提出改善的策略，以实现解决问题的目的，它是使人认识缺点、改正错误、求得进步的良方。在人际交往中，我们既要敢于并善于批评他人的不足，也要乐于并坦然接受他人对自己的批评。当然，无论如何，从本质上讲，是没有人喜欢受到批评的，所以，批评别人必须把握原则，讲究技巧，让批评产生最佳的效果。

实例点击

玫琳凯的批评

玫琳凯是美国玫琳凯化妆品公司的总裁。在一次业务峰会上，她发现有一名美容师的衣着、化妆与其身份不符，心里非常生气，本想走过去说点什么，但最终还是忍住了。随后，玫琳凯从秘书处了解到，这名美容师是刚入行的新成员。她意识到，如果采用一对一批评方式，也许会伤害对方；但不指出来呢，又可能会影响到公司的整体形象。

于是，玫琳凯在业务峰会快要结束的时候，即兴作了一场题为"美容师的仪容和着装"的三分钟演讲，善意地提醒与会人员要表现出自己的职业风范。演讲获得了大家的好评。

第二天，当玫琳凯见到那名美容师时，很惊讶地发现她衣着整洁朴素，而又不失职业风范，就微笑着向她点了点头，美容师则感激地给玫琳凯鞠了一躬。接着，她们两个人就有说有笑地谈开了。

分小组讨论：玫琳凯对新员工的批评高明在何处？

【5分钟后分别请几个小组的同学代表到台上来陈述自己小组的见解。】

实践方法指导

一、批评的基本原则

1．唯实原则

批评他人的最基本前提是事实的准确与否，有无出入，即必须做到实事求是。如果事先调查不够，事实真相与得到的情况有差异，那么被批评者就难以接受。如果是根据道听途说、捕风捉影的“小道”消息而进行批评，就更加难以服人。所以批评他人时必须做到事实要准确、责任要分清、原因要查明，这样的批评才能有理有据，既不夸大，又不失察，才会让被批评者信服。

2. 唯事原则

正确的批评应该是对事不对人，因为要解决的是问题，目的是为了今后把事情办好，只要错误得到了改正，问题得到了解决，批评就是成功的。如果直接对人，当事人就可能无法接受。当然澄清了事实也并不等于解决了思想问题，所以批评他人必须力求既解决了问题，又团结了人。唯事原则就是在感情上对被批评者来说是委婉的，在问题上则是直接的、本质的。

3. 因人原则

因人原则就是在批评时必须考虑被批评者的具体情况，做到因人而异。比如年龄情况，同样的问题，对不同年龄的人的批评是有差别的。对年长的人一般应当用商讨性的语言，对年少的人就应当适当增加一些开导性的语句，而对年龄相差不多的人就可以自由一些，而且对不同年龄的人进行批评时使用的称谓也要有差别。另外，职业情况、知识水平、心理特征等都是要考虑的因素。

4. 适度原则

适度原则主要从质和量的两个方面来把握。从质的方面来说，批评大都本着“团结—批评—团结”的原则进行，批评的目的是要把问题谈透，而不是把人批臭；但批评毕竟不是褒奖，如果批评的语言没有分量，也就失去了批评的意义。从量的方面来说，同样是犯错误，轻重可能不同，批评的语言也要随机应变，该轻则轻，该重则重。批评适度就是要将质的把握和量的限制力求有机统一。

二、批评的常用技巧

1. 直接式批评

直接式批评一般措辞比较严厉，主要运用于惰性心理、依赖心理或者试探心理较为突出的被批评者，比如精神不振、萎靡颓唐者，被动性强、自然意识淡薄者，不愿正视自己错误而心存侥幸者等。

2. 暗示式批评

暗示式批评是巧妙地暗示批评对象意识到自己的错误所在并能够主动改正错误，避免了当面直接指出错误伤害其自尊而给对方带来不快感，甚至导致对方的“反抗”，特别是下级对上级、晚辈对长辈出于尊重目的等因素进行批评时，效果更好。

参考案例

宋朝知益州的张咏与当上了宰相的寇准是多年的至交，张咏总想找个机会劝劝老朋友多读些书，因为张咏认为寇准身为宰相，关系到天下的兴衰，理应学问更多些。时隔不久，寇准因事来到陕西，刚刚卸任的张咏也从成都来到这里，老友相会，格外高兴。分别时寇准问张咏有何赐教，张咏正想趁机劝寇准多读书。可是转念一想，寇准堂堂宰相，一人之下，万人之上，怎好直截了当地说他没学问呢？于是略微沉吟后慢条斯理地说了一句："《霍光传》不可不读。"寇准当时不明其意，回相府后赶紧找出《汉书·霍光传》仔细阅读，当读到"光不学无术，暗于大理"时恍然大悟：当年霍光任过大司马、大将军要职，地位相当于宋朝的宰相，他辅佐汉朝立有大功，但是居功自傲，不好学习，不明事理，这与自己有某些相似之处。寇准明白了张咏的用意，感到获益匪浅。张咏的批评委婉而准确，让寇准愉快地接受了。

3. 发问式批评

发问式批评适用于善于思考、性格内向、各方面比较成熟的人，这些人一般都有一定的思考接受能力，对自己的过失多数情况下可以自我醒悟，把批评信息传递给他们，他们就会加以注意并随之在思考中认识到自己的错误。

参考案例

1989 年年底，李政道博士在纽约哥伦比亚大学物理楼为 120 多名中国留学生做学术报告，坐在后排的学生有的不认真听讲，互相讲话。李政道非常生气，厉声批评道："请各位听着，你们有这样的机会再不听的话，你是没有前途的。你要自己尊重自己。你们考上中国和美国联合招考的物理学研究生算得了什么？你们考第一又算得了什么？难道中国青年就是这样吗？你们谁学了东西？请举手。你们对得起自己吗？你们必须努力。100 年来中国人是受压迫的，炎黄子孙是要抬头的。你们是精华，你们必须尊重自己，你们是要负责的。"李政道的批评连用了 5 个诘问，以引发大家思考。

4. 幽默式批评

幽默式批评应该说是批评的较高境界，曲意婉转，出语诙谐，在轻松巧妙的表达后面，潜藏着批评、针砭、规劝的内涵。

参考案例

有位喜爱写诗的年轻人，本来诗才平庸却总爱自吹自擂。有一次，他对一位读者说："自从上次与你见面后，我的诗更受欢迎了，读者已增加了一倍。"这位读者说："那真该恭喜你，我不知道你已经结婚了。"这位读者话中暗含的意思是你那诗不堪卒读，只有你自己和你妻子读它。但表达得很婉转，也很幽默，言外之意让人思而得之。所以幽默式批评，实为批评，但话语风趣，更显针砭之意。

5. 渐进式批评

渐进式批评采取逐渐输出批评信息的方式，有层次地进行批评，这样可以使被批评者对批评逐渐适应，逐步接受，不至于因受到批评而背上沉重的思想包袱。

参考案例

1949年9月，作为上海市市长的陈毅到北京参加政协会议，由于住房紧张，他主动把北京饭店的豪华房间让给傅作义将军，并代表上海市赠给傅作义将军两辆名牌小汽车。这在部队引起很多不良的议论。

陈毅听到后，在一次会议上批评这些同志说："同志们，我的老兄老弟们，要我陈毅怎么讲你们才懂啊！我陈毅不住北京饭店，照样上班，照样骂人！他可不一样了！你们知道不知道，傅先生到电台讲了半小时话，长沙那边就起义了两个军！为我军减少了很大伤亡！让傅先生住了北京饭店，有了小汽车，他就会感到共产党是真心要朋友的。"他越说越冒火："我把北京饭店让给你住，再送你十辆小汽车，你能起义两个军？怎么不吭声呢？"

随后，陈毅又心平气和地说："我们是共产党嘛，要有太平洋那样的胸怀和气量咧，不要长一副周瑜的细肚肠！依我看，你想把中国的事情办好，还是那句老话，团结的朋友越多越有希望！"

陈毅在批评中先摆事实，然后表明自己的态度与观点，接下来细讲道理，大家听后不但没有怨气，反觉一身轻松。

6. 自责式批评

自责式批评从批评自己开始，先谈自己曾经犯过与批评对象类似的错误，从而拉近和对方的心理距离，营造良好的批评氛围；之后，再对对方的行为加以批评，让对方通过批评者本人的类似做法认识到自己的错误，进而虚心接受批评。

参考案例

某公司老张发现他的司机小刘用公车办私事，于是他找到小刘说："小刘，你忘了吗？上次我用这车送了一次亲戚，结果受到公司的批评，我还做了公开的检讨，我现在已经认识到这一错误，你今天怎么又重蹈覆辙呢？你以后可得多加注意啊！"小刘听了忙点头称是，并保证以后再也不重犯。试想，如果老张只是一味批评小刘，不谈自己的过错，那么，小刘可能即使嘴上不说，心里也会想：光知道说别人，你不也用公车办过私事吗？这样的话，以后他还会犯类似的错误。

7. 激励式批评

激励式批评注重在批评他人时不挫伤对方的自信心和积极性，而是在考虑对方此刻心理的情况下，恰到好处地指出批评对象的潜在优势，让他相信自己具有改正错误、做好事情的能力，同时帮助他分析原因、找出对策。

参考案例

范承祚是外交部一名翻译,一次参加周总理的外事活动,总理同友人谈到中国气候时,突然问范承祚:“你说台风是来自哪儿?”范承祚小心翼翼地答道:“台风来自台湾海峡吧……”周总理听罢神色严肃起来,当着外宾的面批评道:“我们外交部的翻译,一不学历史,二不学地理,哪里有台风来自台湾海峡的道理呢? 台风是来自菲律宾深海区域嘛!”眼见范承祚的尴尬,周总理的批评点到为止,话锋一转又说,“范承祚同志是我的老乡,多次为我做翻译,我对他很了解。我今天这样批评他,并不是他平时的工作没做好。他还是积极的、勤奋的,为人也诚实。”范承祚事后说,这堂“气象课”上得及时,使自己从此更加勤奋学习了。

8. 建议式批评

建议式批评通过向批评对象提建议的方式,向他提出应该如何做为好,从而否定对方目前不正确的做法,达到批评的目的。这种方法能创造良好的批评氛围,不会让对方感受到因批评带来的不愉快,并能够让对方改正原来不正确的做法。

参考案例

某家具厂常年生产木质家具,工厂的墙上到处贴着“严禁烟火”的警示语。有一天,员工李某憋不住烟瘾,在厂区内抽起烟来了。这时,恰巧被厂长看见了,李某惊恐万分,以为这下厂长要狠狠地批评他了。不料,厂长走到李某面前,拍拍他的肩膀,然后说:“年轻人,我很欣赏你把烟拿到外面抽。这样,工厂的安全措施就更加落实了。”李某感到出乎意料,愉快地接受了厂长的批评。

三、批评语言的禁忌

一忌羞辱对象。如“难怪你这样没教养,原来是个没妈的孩子!”

二忌讽刺挖苦。如“你太伟大了,我可不敢说你的不是!”

三忌用语武断。如“你总是……”、“你从来……”之类。

四忌以罚代教。如“你再不改正我就要……”

五忌伤及面子。如当着客人的面教训孩子等。

六忌意气用事。如借批评发泄情绪,喊叫斥骂、出言不逊等。

七忌居高临下。如以长官、上级、长辈的口气指责他人。

八忌以偏概全。如对方只在某一方面犯了错误,却把其贬得一无是处。

九忌笼统模糊。如说“你目中无人,自高自大”,却又拿不出具体事例。

十忌放马后炮。如“谁让你不听我的话了! 失败了吧!”

【名人与口才】

• 曲啸 •

我国著名演说家曲啸在20世纪80年代初的几场演讲,真是一鸣惊人,令人叹服。当有人评说他是“天生的好口才”时,他笑着说:“哪来的天才呀?不敢当。我小时性格内向,说话还口吃,越急越结巴,有时涨得脸通红也说不出话来……”曲啸练口才也吃了不少苦。比如为开阔心胸,训练心理素质,他常常早晨迎着寒风跑到沙滩高声背诵高尔基的散文诗《海燕》。他不放过一切“说”的机会,积极参加辩论会、演讲比赛、朗诵会、话剧演出,终于在高中阶段崭露头角。一次在“奥斯特洛夫斯基诞辰纪念会”上,他拿着一份简单的提纲,一口气竟作了两个小时的精彩演讲。经历了20多年的人生磨难,生活的锤炼使他的口才达到炉火纯青的地步了。

实践强化训练

□ 训练1:批评情境案例分析与讨论

请分析与讨论下列批评情境案例中批评者的“得”或“失”。

◆ 案例1

一位主管这样批评一名员工:“你近来较为散漫。”

◆ 案例2

家里要来客人,妻子在忙着准备饭菜,丈夫却在看电视。

下面是妻子可能对丈夫的两种“说法”:

——你能不能不老在那看电视?

——你能不能帮我摆好桌椅、碗筷,客人就要来了。

◆ 案例3

小红不小心把一杯牛奶撒在了餐桌上。妈妈看见了,平静地说:“我看见牛奶撒了,这里还有一杯。这儿有抹布。”说着,妈妈给小红拿来牛奶和抹布。小红抬头看看妈妈,有点不相信,低声说:“妈妈,对不起,谢谢。”小红细心擦桌子,妈妈在一旁帮忙,没有再说一句责备的话。

◆ 案例4

一位白领职员这样说:“我的上司经常挑剔我的工作,责备我。我知道自己一定有什么地方做错了,可是他却不告诉我正确的做法,我根本没有可遵循的标准,更不知道如何着手,就像在黑漆漆的夜晚摸索一样,不知道方向。”

◆ 案例5

某饭店的米饭做夹生了,一顾客对服务员说道:“你们饭店的米饭真不错,花样繁多。”服务员大惑不解:“不就是一种吗?”“不,有生的,有熟的,还有半生不熟的。”“啊!”服务员连忙道歉。

◆ 案例6

某大学召开全校性的“先进教研室表彰大会”,会议在下午1:30开始,会后有电影。个别职工3:30才到会,显然是来看电影的。大会主持人在会议总结时,一本正经地说:

“很多同志都积极来参加会议，甚至有的同志3:30还不辞辛苦地赶到会场，这种精神的确让人感动。”台下顿时充满了愉快的笑声，那些迟到者也难为情地笑了。

◆ **案例7**

伏尔泰曾有一位仆人，有些懒惰。一天，伏尔泰请他把鞋子拿过来。鞋子给拿来了，但上面布满泥污。于是伏尔泰问道：“你早晨怎么不把它擦干净呢？”“用不着，先生。路上尽是泥污，2个小时以后，你的鞋子又要和现在一样脏了。”

伏尔泰没有讲话，微笑着走出门去。仆人赶忙追上说：“先生慢走，钥匙呢？食橱上的钥匙，我还要吃午饭呢。”

“我的朋友，还吃什么午饭。反正2个小时以后你将和现在一样饿嘛。”

◆ **案例8**

19世纪意大利著名歌剧作曲家罗西尼，对自己的创作非常严肃认真，非常注意独创性，对那些模仿、抄袭行为深恶痛绝。有一次，一位作曲家演奏自己的新作，特意请罗西尼去听他的演奏。罗西尼坐在前排，兴致勃勃地听着，开始听得很入神，继而有点不安，再而脸上出现不快的神色。作曲家按其章节继续演奏下去，罗西尼边听边不时把帽子脱下又戴上。那位作曲家也注意到了罗西尼的这个奇怪的动作和表情，就问他，这里的演出条件不太好，是不是太热了。“不，”罗西尼回答说，“我有一见熟人就脱帽的习惯，在阁下的曲子里，我碰到那么多熟人，不得不频频脱帽了。”

◆ **案例9**

拿破仑是个小个子。有一次，一名比他高出一头的军官犯了很严重的错误，他非常气愤地对他说：“如果你再犯类似的错误，我将取消我们之间的区别。”拿破仑利用双方身高的差别，把“砍掉对方的头”说成了“取消我们之间的区别”。

◆ **案例10**

从批评艺术的角度看，你如何认识“良药苦口利于病，忠言逆耳利于行”这句古话？

□ 训练2：批评情境模拟演练与体验

请分角色扮演模拟演练与体验下列的批评情境。

◆ **演练与体验1**

假设你同寝室的一位室友总是不经过人家的允许而乱动他人的东西。你要如何对他提出批评？

◆ **演练与体验2**

假设你是一名老师。最近有同学向你反映班长小张的问题，说他在班上发“元旦歌舞晚会”门票时，领的15张票只发了10张，其余5张据为己有，送给自己的女朋友和铁哥们儿了，经过核实情况属实。

现在你要找小张谈话，你将如何批评他？

◆ **演练与体验3**

假设你是上司，你的一位员工上班迟到了，理由是堵车了。你如何对他提出批评？

◆ **演练与体验4**

假设你是某宾馆服务员，恰巧看到一位客人用枕巾擦皮鞋。你如何对他提出批评？

◆ 演练与体验 5

一位病人在和医生约定时间后准时到达，可等了 15 分钟后医生才到。他进入医生办公室后，先用手指了指手表说："现在是 2 点 15 分。"医生似乎没有明白他的意图，敷衍说："是吗?"医生的回答激怒了病人，他说："现在是两点一刻。"尽管他内心非常愤怒，可脸上仍保持平静。他在克制自己，试图用暗示让医生明白自己的意思。可医生仍装糊涂："两点一刻又怎么样?"

假设你是这位病人，接下来你会怎么做?

◆ 演练与体验 6

在公交车上，你看见一位抱小孩儿的妇女上车后，主动给她让座，她却连谢都没谢一声，就心安理得地坐下了。你有点儿生气，但怎样"批评"才能达到最佳效果呢?

口才金言

真正懂得批评的人着重的是"正"，而不是"误"。

——约瑟·亚迪森

实践情境9

说　服

实践提示

在社交实践中，说服时时有、处处有，当你想试图改变一个人的想法、观点甚至行动导向，并能够接受你的想法、观点和行动思路的时候，运用说服这种“非暴力”方式往往是你最好的选择。但是，每个人都是有思想的，一般来讲，没有人愿意没有理由地接受他人试图改变自己的想法、观点和行动思路的做法，这就需要你在说服对方时，必须掌握并运用有效的说服艺术与技巧，让对方口服心服，乐于接受你的想法、观点和行动思路。所以说，有效的说服一定应该是一个双方愉快的沟通过程。

实例点击

现在由你来领导本班

教官向一个班的学员讲授领导与管理，他用一张纸片给学员出了一道题目，上面写着：现在由你来领导本班，要让大家全部自动走到教室外，切记一定要大家“心甘情愿”。第一位学员不知道怎么办才好，回到了座位。第二位学员对全班的学员说：“教官要我命令你们都出去，听到没有？”全班没有一个人走到室外。第三位是这么做的：“大家都听好了，现在教室要打扫，请各位离开！”但仍然还有一部分学员在教室内，值日生在待命扫地。第四位学员看了纸片上的题目一眼后，微笑着对大家说：“好，各位，午餐时间到了，现在下课！”不出数秒，全教室的人都走光了。

分小组讨论：从有效说服的角度比较几位学员的做法区别在哪里？

【5分钟后分别请几个小组的同学代表到台上来陈述自己小组的见解。】

实践方法指导

一、说服的基本原则

1. 动机纯正

在社交实践中，作为一个说服者，其动机越纯正，目的越高尚，他说服的效果就会越好。

换言之,说服者动机的纯正性是其说服成功的最根本保证,如果怀有私心、偏见去说服对方接受自己的意见,甚至别有用心,是不可能真正实现说服的目的的。

2. 了解对方

在社交实践中,作为一个说服者,对说服对象了解得越多,越容易使说服接近目标,所谓"知己知彼,百战不殆"同样适用于说服活动。在试图说服他人之前,对对方的性格特征、行为方式、价值取向及对具体事物的看法和态度等了解得越多,越有利于有针对性地进行说服。

3. 把握时机

在社交实践中,作为一个说服者,只有抓住最佳的说服时机,才会让说服对象乐于接受说服者的说服行为,愿意并用心听取说服者表达的意图,进而可能做出积极的回应。说服过早可能让对方反感,说服过晚则又时过境迁,都达不到说服的目的。

4. 营造氛围

在社交实践中,作为一个说服者,必须懂得有效的说服一定是在良好的沟通氛围中进行的,"酒逢知己千杯少,话不投机半句多",对于那些与自己意见不一致的人,良好的沟通氛围能够消除对立情绪,赢得对方信任,实现情感共鸣,为说服铺平道路。

5. 换位思考

在社交实践中,作为一个说服者,要提醒自己多站在对方的角度考虑问题,多强调对对方有益和有利的因素,对对方目前所持的态度、想法表示理解,也唯有如此,才会让说服对象感觉到说服者是可以依赖的,进而乐于和说服者沟通。

参考案例

曾经有一位歌星,特别爱摆架子。有一次,她要参加一个在晚上九点举办的大型义演活动,可是晚上七点的时候却突然打电话给唱片公司的总监,说她今天身体不舒服,喉咙很痛,要临时取消当天的演出。唱片公司总监很清楚,这位歌星根本就没有什么毛病,只是喜欢摆摆架子。他对此没有破口大骂,而是用惋惜的口吻说:"咳!真可惜,这次义演是最大牌的歌星才有机会亮相,如果你现在取消,公司里还有很多小牌歌星挤破头在等哩!而且,如果换了人,电视台一定会不满。有那么多后起之秀想取而代之,你这样做恐怕不妥吧。"这位歌星听后小声地说:"那好吧!要不你八点来接我,我想那时我身体应该会好一点吧。"

二、说服的常用方法

1. 循循善诱法

循循善诱法是指说服者采取有步骤地、一步步耐心而得当地诱导对方的方法,使对方按照设定的方式思考,达到说服他的目的。诱导的方法有很多,其中讲故事如果运用得有针对性,不失为一种好的方法,一个能够涵盖重点事实并有启发性的故事要比直接的要求更有影响力。

参考案例

美国的《独立宣言》脍炙人口,广为流传,它与独立战争一样,有着重大的历史意义,永载史册。这篇文章出于起草负责人富兰克林的密友——才华横溢的杰弗逊之手。

杰弗逊对自己的文笔颇为自负,认为自己写出来的东西无可挑剔,往往动一个字就像割掉他身上的一块肉一样。富兰克林深知此人的性情,一方面觉得《独立宣言》的草稿必须修改,一方面又怕惹起杰弗逊的不愉快。为了说服杰弗逊,富兰克林冥思苦想,终于想到了一个合适的方法,于是他巧妙地向杰弗逊讲述了一个故事:

有一个青年人开了一家帽店,他拟了一块招牌,上写"约翰·汤姆森帽店,制作和现金出售各式礼帽",还在招牌下面画了一顶帽子。他觉得这块招牌很醒目,洋洋得意地等着朋友们的赞赏。

但是他的朋友们却不以为然,一个人说"帽店"一词与后面的"出售各种礼帽"语义重复,可以删去。

另一个朋友认为"制作"一词可以省略,因为顾客只要帽子式样称心,价格公道,质量上乘,至于是谁制作的,他们并不关心。再说约翰并非久负盛名的制帽匠,人们更不会注意。

又一个朋友认为:"现金"两字纯属多余,一般到商店购物,都是用现金购物的。

这个青年人觉得朋友们的话有道理,经过几次修改,招牌只剩下"约翰·汤姆森,出售各式礼帽"的字样和那顶礼帽的图案了。

尽管这样,还有一个朋友不满意,他认为帽子决不会白送,"出售"二字可以删去,还有"各式礼帽"与图案也重复了,可以不要。经过删改,最后的牌子上只剩下"约翰·汤姆森"的名字和帽子的图案了。

几经修改,招牌变得十分简洁明了,因而也就更加醒目。年轻的帽店店主非常感激朋友们的宝贵意见。

杰弗逊听了这个故事,明白了富兰克林的良苦用心,明白了好稿子是修改出来的,因此广泛听取公众的建议,把《独立宣言》修改得好上加好。

18世纪70年代初,北美的13个殖民地的代表聚集一堂,通过了这个《独立宣言》,一场伟大的独立战争开始了……

在这个案例中,杰弗逊是个才华横溢而又十分自信的人,说服他并不是件容易的事。但起草《独立宣言》是那么重大的事,必须臻于完美,起到振聋发聩的效果,所以非得说服杰弗逊反复修改草稿不可。试想,如果说服的方式生硬,就根本不能说服对方,可能会适得其反。而富兰克林采取讲故事的方式,娓娓道来,圆满地说服了对方。从这层意义上说,《独立宣言》是杰弗逊的杰作,更是富兰克林的成果。

2. 褒奖赞美法

褒奖赞美法是指在说服对方之前，先称赞对方的某个(些)优点，使对方对说服者产生好感，易于接纳说服者的观点，为后面的说服奠定良好的基础，这时说服者再进行说服工作，最终达到说服对方的目的。

参考案例

有一对年轻的夫妻，家里的电灯坏了，妻子让丈夫修，可丈夫不是忘记就是太忙没有时间。这天，妻子实在忍受不了了，决定用一个巧妙的方法说服丈夫把电灯修好。

吃饭时，妻子对丈夫说："我听说你上高中时物理老是前三名，是真的吗?"

丈夫得意地说："那当然，那时候我们班我动手能力最强了。"

"是吗? 这么厉害呀，真让我佩服呀。可你会修电灯吗?"

"不信呀? 等着，20 分钟搞定。"

吃完饭，丈夫立刻行动起来，果然没一会儿就修好了，妻子自然又说了很多赞美的话，丈夫高兴，灯泡也修好了。

3. 以情感化法

以情感化法是指在某些情境不便直接说服对方的情况下，改变直言相对的习惯做法，而用易于让对方领会的情感感化的方式感化对方应当这样做而不应当那样做，最终实现说服对方的目的，避免因直言相劝可能引起对方的不快。

参考案例

有个"的姐"把一男青年送到指定地点时，对方掏出尖刀逼她把钱都交出来，她装作害怕样交给歹徒 300 元钱说："今天就挣这么点儿，要嫌少就把零钱也给你吧。"说完又拿出 20 元找零用的钱。见"的姐"如此爽快，歹徒有些发愣。"的姐"趁机说："你家在哪儿住? 我送你回家吧。这么晚了，家人该等着急了。"见"的姐"是个女子，又不反抗，歹徒便把刀收了起来，让"的姐"把他送到火车站去。

见气氛缓和，"的姐"不失时机地启发歹徒："我家里原来也非常困难，咱又没啥技术，后来就跟人家学开车，干起这一行来。虽然挣钱不算多，可日子过得也不错。何况自食其力，穷点儿谁还能笑话我呢!"见歹徒沉默不语，"的姐"继续说："唉，男子汉四肢健全，干点儿啥都差不了，走上这条路一辈子就毁了。"火车站到了，见歹徒要下车，"的姐"又说："我的钱就算帮助你的，用它干点正事，以后别再干这种见不得人的事了。"

一直不说话的歹徒听罢突然哭了，把 300 多元钱往"的姐"手里一塞说："大姐，我以后饿死也不干这事了。"说完，低着头走了。

在这个事例中，"的姐"典型地运用了消除防范心理的技巧，最终达到了说服的目的。

4. 位置互换法

位置互换法是指说服者将自己与说服对象的位置互换一下,自己站在对方的立场上体验一下对方的感觉,进而分析问题,给对方一种为他着想的感觉,最终使对方接受自己的意见。这种方法运用巧妙常常具有极强的说服力,要做到这一点,“知己知彼”十分重要,惟先知彼,而后方能从对方立场上考虑问题。

参考案例

某精密机械工厂生产某项新产品,将其部分部件委托小工厂制造,当小工厂将零件的半成品呈示给客户时,不料全不合乎该厂的要求。由于迫在眉睫,订制厂的负责人只得令其尽快重新制造,但小工厂负责人认为他是完全按照订制厂的规格制造的,不想再重新制造,双方僵持了许久。订制厂厂长见了这种局面,在问明原委后,便对小工厂负责人说:“我想这件事完全是由于公司方面设计不周所致,而且还令你吃了亏,实在抱歉。今天幸好是由于你们帮忙,才让我们发现竟然有这样的缺点。只是事到如今,事情总是要完成的,你们不妨将它制造得更完美一点,这样对你我双方都是有好处的。”那位小工厂负责人听完后,欣然应允。

5. 直言要害法

直言要害法是指说服者在说服对方时,将事情的要害之处通过一两句话直接指出来,使对方幡然醒悟,达到说服的目的。这种说服方法一般都在比较熟悉的人之间使用,前提是对对方的性格、脾气等有充分的了解,否则会使事情弄僵。

6. 适度激将法

适度激将法就是利用人们的自尊心和逆反心理积极的一面,从相反的角度以“刺激”的方式达到正面激励的效果,让对方产生超越自我的好胜心理,最终实现说服对方的目的,使对方接受给予他的建议等。但运用激将法要看清对象,把握时机,掌握分寸,避免过度。

【关键提示】

一般来说,激将法不宜用在性格内向、谨小慎微、自卑的人身上,因为他们可能会把那些刺激性的语言视作一般性的奚落和嘲讽,从而消极悲观,丧失信心。对那些身经百战、冷静理智的“过来人”也不宜使用,因为他们往往早已看透“真相”。

参考案例

一位老总到香港开会,来到一家珠宝店,对一枚钻戒很感兴趣,但觉得价格太贵,因此犹豫不决。接待小姐见此情形,笑着对这位老总说:“您真有眼光,昨天有一位欧洲的王子也是一眼就看中了这枚戒指,后来因为贵没买。”这位老总听后,马上付钱买下了这枚戒指,而且还非常得意。其实,这恰恰是接待小姐巧妙运用激将法激发了这位老总的自尊心,而不再想价格的高低了。

7. 善意威胁法

善意威胁法就是用善意的威胁使对方产生恐惧感,从而达到说服目的。威胁能够增强说服力,但是在具体运用时要注意三个问题,一是态度要友善;二是讲清后果,说明道理;三是威胁程度不能过分,否则会弄巧成拙。

参考案例

在一次集体活动中,当大家风尘仆仆地赶到事先预订的旅馆时,却被告知当晚因工作失误,原来订好的套房(有单独浴室)中竟没有热水。为了此事,领队约见了旅馆经理。

领队:对不起,这么晚还把您从家里请来。但大家满身是汗,不洗洗澡怎么行呢?何况我们预订时说好供应热水的呀!这事只有请您来解决了。

经理:这事我也没有办法。锅炉工回家去了,他忘了放水,我已叫他们开了集体浴室,你们可以去洗。

领队:是的,我们大家可以到集体浴室去洗澡,不过话要讲清,套房一人50元一晚是有单独浴室的。现在到集体浴室洗澡,那就等于降低到通铺水平,我们只能照通铺标准,一人降到15元付费了。

经理:那不行,那不行的!

领队:那只有供应套房浴室热水。

经理:我没有办法。

领队:您有办法!

经理:你说有什么办法?

领队:您有两个办法:一是把失职的锅炉工召回来;二是您可以给每个房间拎两桶热水。当然我会配合您劝大家耐心等待。

这次交涉的结果是经理派人找回了锅炉工,40分钟后每间套房的浴室都有了热水。

【名人与口才】

• D. W. 根特 •

D. W. 根特是美国一所著名大学董事会的主席,在学习当众讲话之前,他曾对卡耐基先生说:“卡耐基先生,我十分害怕在各种聚会中说话,而这种机会真是很多。但是如今我作为大学里的董事会主席,必须主持会议。你想,我已经这么大一把年纪,还有可能学会当众讲话吗?”在参加卡耐基的当众讲话培训三年以后,D. W. 根特说:“有能力做演讲,演讲时所获得的快乐,以及我对社会能够提供的额外服务——这一切都是我一生当中最高兴、最满足的事。”

实践强化训练

□ 训练 1：说服情境案例分析与讨论

请分析与讨论下列的说服情境案例中说服者的"得"或"失"。

◆ **案例 1**

一对好朋友因为一点小事儿闹翻了。两人的一位共同朋友想使他们和解，就找到其中一位向他提出几个问题。

——"他这个人是不是为人很正直?"

——"是的。"

——"他是不是很讲义气，愿意帮助别人?"

——"是的。"

——"他是不是对你有过好处?"

——"是的。"

——"既然如此，就不要计较一些小事儿了，还是和好吧!"

◆ **案例 2**

有一年，安徽某县遭受水灾，一些乡村被命令弃家转移到安全地区。有一位 80 多岁的老大娘死活也舍不得离开这块住了一辈子的土地，任谁劝也不行。当时，乡政府办公室秘书王海赶到，他上前对老大娘说："大娘，我是河西村的王海，您还记得我吧？小时候我偷过您的枣子！我说的话您总爱听。大娘，您说您是到城东，还是到城西呢？我看还是到城东好，那儿离您大闺女家挺近的，串门聊天儿什么的也方便，您说是不是?"老大娘听了，寻思了一会儿，说："那就到城东吧。"这样，问题被王海几句简单的话巧妙地解决了。

◆ **案例 3**

《三国演义》中，刘备想与孙权联合抵抗曹操，派诸葛亮到江东谈判。到江东后，诸葛亮并非开门见山地谈合作，而是先后与孙权、周瑜谈曹操兵力如何强大，天下无人能敌，极力劝他们投降曹操，以保全妻子富贵，甚至还说出了更过分的话，建议周瑜把江东最出名的两名美女大乔、小乔送给曹操，以求苟活。孙权、周瑜越听越气，简直怒发冲冠，当时便下定决心，联合刘备共同抗击曹操。

◆ **案例 4**

世界球王贝利，自幼酷爱足球运动，并很早就显示出超人的才华。一次，小贝利参加了一场激烈的足球赛，累得喘不过气来。休息时，他向小伙伴要了一支烟，以解除疲劳，贝利得意地抽着烟，淡淡的烟雾不时地从嘴里吐出来。但这一举动很快被父亲看到了，父亲的眉头皱起来。

晚上，父亲坐在椅子上问贝利："你今天抽烟了?"

"抽了，"小贝利红着脸，低下了头，准备接受父亲的训斥。

但是，父亲并没有这样做，他从椅子上站起来，在屋子里来回地走了好半天，才对贝利说："孩子，你踢球有几分天资，也许将来会有些出息的。可惜，你现在要抽烟了，抽烟，会损坏身体，使你在比赛时发挥不出应有的水平。作为父亲，我有责任教育你向好的方向努力，也有责任制止你的不良行为。但是，是向好的方向努力，还是向坏的方向滑行，主要还取决于你自己。因此，我要问问你，你是愿意抽烟呢？还是愿意做个有出息的运动员呢？你自己懂事了，自己选择吧！”说着，父亲从口袋里掏出一沓钞票递给贝利，并说道：“如果你不愿意做个有出息的运动员，执意要抽烟的话，这就做你抽烟的经费吧！”说完，父亲走了出去。

小贝利望着父亲远去的背影，仔细回想着父亲那深沉而又恳切的话语，他不由得哭出声来。过了好一阵，他止住哭，拿起桌上的钞票去还给了父亲，并对他说：“爸爸，我再也不抽烟了，我一定当一个有出息的运动员！”

从此，贝利刻苦训练，球艺飞速提高，终成一代球王。

◆ **案例 5**

美国魔鬼岛的辛辛监狱在西方臭名昭著，其典狱长历来是政治风暴的攻击目标，且这里案犯凶恶、复杂，危害性极大。典狱长像走马灯似的轮换，很不安稳。纽约州州长艾尔·史密斯深知这里需要一个强人来管理，他看中了刘易士·路易斯。但路易斯有些胆怯为难。史密斯看出了他的心思，笑着说：“年轻人，我就料到你会吓成这个样子，这的确不是一个容易应付的地方，需要一个能人去坐镇。”结果，这一激将，反倒把路易斯“激”上了辛辛监狱，他此后一直未离开那里，成为当代最著名的典狱长。

◆ **案例 6**

基辛格是一个搞了一辈子外交的风云人物。退休后，他有时出书，有时讲学，有时接受记者采访，当然，做这些的前提都是收费的。中央电视台主持人水均益要采访基辛格，仅仅用了几句话，就说服了基辛格免费接受了他的采访：“我们的节目有十分钟长，是中央电视台最黄金的节目之一，收看我们节目的观众有4亿。”水均益首先介绍了自己的节目，接着又说出一句温情脉脉、暖人肺腑的话，“基辛格博士是中国人民的老朋友，很多中国观众都非常希望了解博士的近况。”结果，基辛格愉快地接受了采访。

□ **训练2：说服情境模拟演练与体验**

请分角色扮演模拟演练与体验下列的说服情境。

◆ **演练与体验 1**

你打算周六约你的同桌去书店，但你的同桌表示没兴趣。你将如何说服他跟你一起去？

◆ **演练与体验 2**

班级要举办文艺晚会，作为班长的你想让擅长写作的小李为晚会撰写串联词，可是小李推脱忙不开。你将如何说服他最终乐于完成这项任务。

◆ **演练与体验 3**

你的一位室友每天晚上在寝室熄灯后，就爱给大家讲天南海北的事，弄得大家不能安稳入睡。你怎样说服他每天也按时睡觉？

◆ **演练与体验 4**

假如你们班级想请学院一位教授给同学们做一次讲座，但这位教授平时特别忙，你将如何说服他抽出时间来给你们做这场讲座？

◆ **演练与体验 5**

你去火车站排除买票，有一个人挤到窗口要插队买票，后面的人很不满意。现在你来说服他到后面排队买票,你会怎么说服他?

◆ ***演练与体验6***

假设你是一位工艺品商场的售货员,一位客人表示出对一件工艺品感兴趣。你如何说服他最终购买这件工艺品?

口才金言

在说服别人时,要使对方满意的最好方法,就是把对方所说的话,重新再说一遍。

——马克·吐温

实践情境10

拒　　绝

实践提示

在社交实践中，对于别人表达的意愿、提出的请求或采取的行为，我们不可能永远说“是”，说“不”也是社交实践的一种常态，这就是所谓的拒绝，即在必要的情况下，对他人的意愿、请求或行为给予一种直接或间接的否定。但是，说“是”容易，说“不”难，无论怎么说，拒绝都可能让对方产生反感，即使你的拒绝是合情合理的。如何在拒绝别人的时候，不至于给自己平添麻烦甚至因此而得罪他人呢？你必须要学会并运用拒绝的艺术，使对方因你的拒绝而产生的不愉快降到最低程度。

实例点击

小芹的拒绝之道

一天，小芹的好友小芳打电话来求助——

小芳：小芹，有个事儿要拜托你。

小芹：什么事啊？

小芳：哎，我男朋友要给日本客户做批东西，但说明书全是日文，正巧你是学日文的，你帮他看看呀。

小芹：小芳，你想让我给你男朋友翻译日文说明书，是吗？

小芳：嗯，小芹，你能帮帮他吗？

小芹很清楚，专业说明书的翻译不是个简单的活儿，更何况这阵子手头工作很多，于是考虑了一会儿，非常客气地说：并不是我不愿帮忙，你知道的，产品说明书这种东西很专业，我在大学学的不是专业翻译，这些年又没接触过，那点知识早还给老师了，凭现在这水平恐难胜任啊。

小芳：别谦虚了，你在大学的时候可是我们班最优秀的，我对你很有信心。

小芹：可我对自己没信心啊，要是搁平时还好点儿，这段时间公司经常加班，急着赶一个策划书，我可是奋战了三天三夜啦，忙得一塌糊涂，现在一看文件就头疼。我想你男朋友的文件一定非常重要吧，为了不耽搁事儿，建议他还是找翻译公司比较合适。

小芳想了想说：嗯，也是，专业翻译确实是件棘手的事，那就让他交给翻译公司做好了。你啊，别太累了，要注意休息，保重身体！

分小组讨论：小芹是怎样一步步拒绝小芳的？

【5 分钟后分别请几个小组的同学代表到台上来陈述自己小组的见解。】

实践方法指导

一、拒绝的基本原则

1．态度诚恳

在社交实践中，拒绝他人无论如何都不是一件能够让对方乐于接受的事情，所以，对于向你提出请求的人要保持一种始终如一的诚恳态度，让对方感到你的拒绝是经过认真考虑的，是不得已而为之的决定，不能给对方以草率轻狂、傲慢无理的感觉。

2．歉语相随

在社交实践中，为了尽可能地减轻对方因为遭到拒绝而产生的挫败感、失落感甚至对立情绪，在面对他人的意愿、请求或行为不得不拒绝时，最好自然地说一些如“不好意思”、“实在抱歉”、“请多包涵”、“请您谅解”等致歉语，使拒绝多一分委婉的色彩。

3．内容明白

在社交实践中，一般情况下在拒绝他人时尽量保持态度诚恳，措辞委婉，但并不是说不分场合、不分情境地一味如此，甚至出现模棱两可的说法；而是要保证把拒绝的内容清楚明白地传递给对方，明确地说出“不”字或“不”的意思，以免产生误解。

4．理由恰切

在社交实践中，除非极特殊情况，在拒绝他人的请求时最好说出合情合理的拒绝理由，让对方明白自己的拒绝是不得已而为之的，是有苦衷的，不是毫无来由或借口搪塞的。当然，如果能够在拒绝对方的同时，尽量给对方提出好的建议则更容易得到对方的谅解。

二、拒绝的常用方法

1．直言拒绝法

直言拒绝法就是直截了当地将拒绝的意思当场向对方讲明。在社交实践中，有时对方的要求可能有些过分甚至无理，如果不直接将拒绝的意思讲出来，而是拖拖拉拉，可能会让对方得寸进尺，使自己陷于对方的纠缠，甚至引起对方的不满。

参考案例

某报社的发行人员登门请你帮忙订阅一份报纸，并说有礼品赠送，但是你不想订阅。这时不妨礼貌地对他直言：“谢谢！你们的服务真是周到，可是我家已经订阅了其他几份报纸了，这次真是帮不了你的忙了，请谅解！”

2. 建言献策法

建言献策法就是在对方提出的请求无法达到而打算拒绝对方时,向其建言献策,提供另外能够满足对方要求的解决办法或途径,并表明这样做会比自己的帮助要好得多,而且也可以让对方在心理上得到补偿,而不是因为遭到拒绝失望甚至生气。

参考案例

19世纪时,有个野心勃勃的军官,一再请求英国首相狄斯雷利加封他为男爵。首相知道这个人才能超群,也很想跟他搞好关系,但是他还不够加封条件,因此狄斯雷利无法满足他的要求。

一天,首相把这个军官单独请到办公室,对他说:"亲爱的朋友,很抱歉我不能给你男爵的封号,但我可以给你一件更好的东西。"狄斯雷利放低声音说:"我会告诉所有人,我曾多次请你接受男爵的封号,但都被你拒绝了。"

结果消息一传出,众人都称赞军官谦虚无私、淡泊名利,对他的礼遇和尊敬远超过任何一位男爵。这位军官也由衷地感激狄斯雷利,后来成了首相最忠实的伙伴和军事后盾。

3. 请君入瓮法

请君入瓮法就是先给对方设定一个"陷阱",设法引导对方对自己提出的与对方要求相关的问题说"不",然后将对方的否定回答再反弹回对方,以其人之道还治其人之身,让对方哑口无言。这种拒绝往往带有幽默的成分,可以避免因拒绝让对方下不来台。

参考案例

罗斯福当美国总统之前,曾在海军担任要职。一天,他的一位朋友问起海军在加勒比海一个小岛建立潜艇基地的计划。罗斯福向四周看了看,压低声音问:"你能保密吗?"对方说:"当然能。"罗斯福马上接过话来:"你能我也能。"说完俩人哈哈大笑起来。

4. 借故拖延法

借故拖延法就是当对方提出请求后,为避免当场直接拒绝可能带来的尴尬或不快,所以不当场拒绝,而是采取拖延的方法来达到拒绝的目的。具体做法,一是通过借故拖延时间加以拒绝,二是通过假借他人之口加以拒绝,或者将两种做法结合起来。

参考案例

某单位一名职工找到车间主任要求调动工种,车间主任心里明白调不了,但他没有马上回答说:"不可能。"而是说:"这个问题涉及好几个人,我个人决定不了。我把你的要求带上去,让厂部讨论一下,过几天答复你,好吗?"这样回答可让对方明白:调工种不是件简单的事,存在着两种可能,使对方思想有所准备,这比当场回绝效果要好得多。

5. 幽默拒绝法

幽默拒绝法就是在对方提出问题后，不直接拒绝对方，而是以诙谐幽默的方式避开对实质问题的回答，但却传达出自己否定拒绝的态度。这种方法在达到拒绝的目的的同时，能让对方愉快地接受拒绝的现实。

参考案例

在 1990 年的一次新闻发布会上，一位西方记者问发言人李肇星："请问邓小平先生目前健康状况如何？"李肇星答："他健康状况良好。"另一位记者穷追不舍："邓小平先生是在医院里还是在家里拥有良好的健康状况？"李肇星答："我不知是你有这样的嗜好，还是贵国有这种习惯，在身体好的时候住在医院里，身体不好时反而待在家里。"李肇星以轻松幽默的方式回答这一问题，令对方相形见绌，同时又达到了不伤害对方感情的目的。

6. 无效应答法

无效应答法就是对对方提出的问题采取答非所问的方式，表面上看在回答对方的问题，但实际上说的都是空话，没有任何实质的信息，这样巧妙回避了对方的请求，通过无效回答来暗示对方自己所持的否定意见。

参考案例

在某个问题上，有人问你支持谁。你回答："谁正确我就支持谁。"对方又问那谁是正确的一方？你回答："谁坚持真理谁就是正确的一方。"

7. 巧妙暗示法

有时，遇到敏感的问题或难以满足的要求，或对一些明显不合情理或不妥的做法，都必须予以回绝。但为了避免因此引起冲突，或由于某种原因不便明确表示，可以采用隐晦曲折的语言巧妙地向对方暗示，以达到拒绝的目的。

参考案例

甲："我们的意图是使下次会议能在纽约召开，不知贵国政府以为如何？"

乙："贵国饭菜的味道不好，特别是我上次去时住的那个旅馆非常糟糕。"

甲："那么您觉得我今天用来招待您的法国小吃味道如何？"

乙："还算可以，不过我更喜欢吃英国饭菜。"

乙方用"美国饭菜不好"、"法国的饭菜还可以"、"喜欢吃英国饭菜"，委婉含蓄地拒绝了在美国、法国开会的建议，暗示了希望在英国举行会议的想法。

8. 自我解嘲法

自我解嘲法就是当对方提出一些自己不能或不想答应的要求时，通过自我解嘲的方式，即自己贬低自己来达到拒绝的目的，这样不仅拒绝对方的请求，还可以避免回答“为什么不行”的难题。

参考案例

启功先生是我国著名的书法家，向他求字、求教的人很多，以致先生的居所敲门声终日不断，先生自嘲说：“我真成了动物园里供人参观的大熊猫了！”后来，人们干脆把国家级专家启功戏称为“熊猫”。有一次先生患了重感冒起不了床，又怕有人敲门，就在一张白纸上写了四句话：“熊猫病了，谢绝参观；如敲门窗，罚款一元。”看到先生这样幽默的“免见牌”，谁还忍心去打扰他呢？

还有一次，央视《东方之子》栏目想约启功先生作节目，并介绍说：“我们这个栏目，采访的都是专家、学者、社会精英，故名《东方之子》。”启功先生听罢应声回答道：“我不够资格，我顶多是个‘东方之孙’。”以此拒绝了这次约请。

9. 先承后转法

先承后转法就是先用肯定的口气去赞赏他人的一些想法和要求，然后再话锋逆转，表达对这种想法和要求需要拒绝及拒绝的原因，即一种避免正面表述而采用间接拒绝的方法，这样做不会直接伤害对方的感情，易于被对方接受。

参考案例

新加坡著名作家尤今生病在家休息时，每天都有探病的朋友络绎不绝地来探访，尤今忙于招待朋友，根本无法安心养病。一次，一位朋友又要来看望她，她主动给这位朋友打电话：“我听说你要来探病？”“是，是，今晚就去。”“你的好意我很感动。可是……我动手术的那个部位实在不方便让你看到呀！”对方哑然失笑，明白了拒意尽在不言中。

【名人与口才】

• 肖楚女 •

我国无产阶级革命家、演讲家肖楚女靠平时的艰苦训练，练就了非凡的口才。肖楚女在重庆国立第二女子师范教书时，除了认真备课外，他每天天刚亮就跑到学校后面的山上，找一处僻静的地方，把一面镜子挂在树枝上，对着镜子开始练演讲，从镜子中观察自己的表情和动作，经过这样的刻苦训练，他掌握了高超的演讲艺术，他的教学水平提高得很快。1926 年，他年方 30，就在毛泽东同志主办的广州农民运动讲习所工作，他的演讲至今受到世人的推崇。

实践强化训练

□ 训练 1：拒绝情境案例分析与讨论

请分析与讨论下列拒绝情境案例中拒绝者的“得”或“失”。

◆ **案例 1**

同事 A：你明天到我家作客好吗？

同事 B：哎呀，明天还真没时间，下次吧，到时候我和你电话联系。

◆ **案例 2**

你的同事买了一件自认为很漂亮的衣服，但你并不这么认为。

同事：你觉得我的这身礼服漂亮吗？

你：有点意思。

◆ **案例 3**

一天，老板把一个青年雇员叫到办公室，对他说：“小伙子，我真难以设想，如果我们公司没有你，我们日子将怎么过。但是从下星期一开始，我想试试看。再见。”

◆ **案例 4**

一家公司的经理对一家工厂的厂长说；“我们两家搞联营，你看怎么样？”厂长回答：“这个设想很不错，只是目前条件还没有成熟。”

◆ **案例 5**

小丽想要拒绝他人交给她的额外任务，她可能这样说：

——我很愿意帮你的忙，但很不巧，我手头的工作还没忙完，等忙完了这一阵，我一定帮你的忙。

——这项方案看起来很有意思，我很喜欢。但是，如果要在周末做，我就没有时间了。可不可以再往后延一些时间，让我先把手头这项工作结束，然后再与你讨论。

——我可以很快浏览一下，并给你意见。但是，我没有时间仔细研究并给你一份书面报告。

◆ **案例 6**

小张在一家专门经营成批钢材的公司做经理，一天，朋友小王来找他，说是急需一吨钢材，但给的价格却比市场上的批发价还低 10%，这个价钱在市场上根本买不到钢材。但小张实在不好意思直接拒绝，想了想，他对小王说：“我们公司经营钢材是以千吨为单位的，无法拆开一吨来给你。不过，总不能让你白跑一趟，这旁边就有不少专门经营小额钢材的公司。我带你过去，帮你杀杀价，保证让你以市场最低价买一吨。”小王一听，自然没话说。最后，在小张的一番讨价还价后，小王在一家小公司高高兴兴地以批发价买了一吨钢材。

◆ **案例 7**

某县要举办一次歌咏比赛，一个社会声誉不太好又根本不懂艺术的人找到会议主持人说：“我赞助 1000 元，你安排我当个评委怎样？”主持人一拍对方的肩膀说：“老兄，你钱多的没处花了吗？这 1000 元扔在这个会上，不如扔到河里，还能看到个水漂漂儿。”

◆ **案例 8**

钱钟书先生是我国著名作家，他的《围城》享誉海内外。有一位外国女士特别喜欢钱钟书，当她来到中国时，就给钱钟书先生打电话，说想拜见他。钱钟书先生在电话中说："假如你吃了一个鸡蛋觉得不错，又何必要亲自去看那只下蛋的母鸡呢？"

◆ 案例 9

一天，有一家医药厂商的负责人设法找到了邢质斌，要请邢质斌代言他们的医药产品，当然，厂方将给予相当丰厚的回报。但邢质斌深知：任何一种产品的质量，最有权威说话的只有消费者，不是厂方更不是代言人！再何况，自己对于医药完全是一个行外人，绝不接代言，名誉比金钱更重要！但邢质斌嘴上却说："好啊！非常荣幸能受到您的邀请！"

对方没有想到邢质斌会答应得这么干脆，露出了开心的笑容。不料邢质斌又接着说："但有来无往非礼也，我也想向中央电视台推荐您去做一天的《新闻联播》主持人，您觉得怎么样？"

对方一听，把头摇得跟拨浪鼓似的说："那哪成？我对主持节目完全不懂，哪有主持《新闻联播》的能力？我去的话还不是要给《新闻联播》丢大脸？不行不行！"

"真谢谢您能为《新闻联播》考虑！但您看您因为不懂主持就拒绝了我的推荐，那您说我该怎么样呢？我对医药产品也完全不在行啊！"邢质斌笑笑说，"难道您认为一个对医药完全不在行的《新闻联播》主持人，去为医药产品做代言就不会丢《新闻联播》的脸吗？"

对方一听，知道再谈下去也是徒劳，便很知趣地离开了。

◆ 案例 10

1949 年年底，商务印书馆的董事长张元济先生找到陈毅市长，要借 20 万元，以解燃眉之急。

这位董事长已 80 岁高龄，而且德高望重，陈毅小时候就知道他的大名。当时全国刚刚解放，百废待举，拿出 20 万元有很大的困难。没办法，陈毅只有直截了当地对张元济说："如果说人民银行没有 20 万元，那是骗您。我不能骗您老前辈，只要打个电话给人民银行就可以解决问题。您老这么大年纪了，为了文化事业亲自赶来，理应借给您。但是我想，还是不借给您为好，20 万元搞商务一下子就花掉了，还是从改善经营上想办法，不要只搞教科书。可以搞一些大众化的年画，搞些适合工农需要的东西，学中华书局的样子。否则不要说 20 万，200 万也没有用。要您老先生这么大年纪到处跑，我很感动。对不起，我不能借这笔钱，借了是害你们。"陈毅一番话，将张元济老先生说通了，他高兴地说："我完全接受你的意见，我不借钱了。你的话是对我们商务印书馆的爱护，使我很感动。"

在对张元济先生进行说服时，陈毅既顾全国家大局，又为商务印书馆着想，提醒他们借钱不是长久之策，要着眼于读者的需要、改善经营、拓宽视野。一席话点到了对方从未想过的问题，使其觉得受益匪浅，找到了比借钱更有用的方法。

◆ 案例 11

中唐时期，平卢淄青节度使李师道，搞藩镇割据，与当时的朝廷分庭抗礼。他想拉拢著名诗人张籍为他的不轨行为效劳，张籍巧妙地向李师道讲了一个故事：

有一位美丽而忠贞的已婚女子，遇到了一个痴情的求爱者，执著地苦苦追求她。她对求爱者吟了一首诗："君知妾有夫，赠妾双明珠……知君用心如日月，事夫誓拟同生死。还君明珠双泪垂，恨不相逢未嫁时。"听了这首诗，那痴情男子知趣而退，不再纠缠了。

故事讲完了，李师道也懂得了张籍的意思，不再强人所难了。面对李师道的"浓情美意”，诗人以一个忠贞妻子拒绝“第三者插足”的故事，暗示了自己一心一意效忠朝廷，语意委婉而坚决。

◆ 案例 12

意大利音乐家罗西尼生于 1792 年 2 月 29 日。因为每 4 年才有一个闰年，所以等他过第 18 个生日时，他已经 72 岁了。在他过生日的前一天，一些朋友告诉他，他们募集了两万法郎，准备为他立一座纪念碑。罗西尼听完后说：“浪费钱财！给我这笔钱，我自己站在那里好了！”这里罗西尼提出一个不切实际的想法，以幽默的方式拒绝了朋友的要求，但又不伤害朋友的好意。

□ **训练 2：拒绝情境模拟演练与体验**

请分角色扮演模拟演练与体验下列的拒绝情境。

◆ 演练与体验 1

你的好朋友买了两张某大片的电影票，约你一起去观看，恰巧你有事不能去，你应该怎样拒绝朋友的好意？

◆ 演练与体验 2

假设你的一位同学特别不注意节俭，每个月的生活费都不够，需要向同学借钱。现在他向你借钱，你不想借他，你将如何拒绝？

◆ 演练与体验 3

你的一位同班同学约你出来，在你毫无心理准备的情况下，突然向你表达爱意，你将如何拒绝？

◆ 演练与体验 4

你一个高中时的好朋友，给你打电话，要来你求学的城市办事，顺道想玩一玩，让你招待陪同。如果你无暇或不想接待他，你将如何拒绝？

◆ 演练与体验 5

有人邀请你玩麻将，你不想参加。你会如何拒绝邀请？

◆ 演练与体验 6

某交际舞会上，一个人邀请你共舞一曲，你实在不想和他跳，你会如何拒绝？

◆ 演练与体验 7

某个朋友请你帮他在你们单位推销一批商品，你将如何拒绝？

◆ 演练与体验 8

假设你在某单位任领导，你的一个亲戚来找你帮忙安排工作。你将如何拒绝？

◆ 演练与体验 9

假设星期五下午三点，领导给你打来电话，说星期一上午他需要一个质检报告，希望你能在晚上或周末加个班，帮他把报告赶出来。可你已经计划好和家人一起到外地过周末，票都买好了。你将如何拒绝领导的要求？

◆ 演练与体验 10

小品《有事您说话》中，郭冬临扮演的郭子为人热心，但他有个毛病，就是他办不了的事也不好意思说“不”，只得打肿脸充胖子，答应下来。为了替老刘买卧铺票，他连夜卷着铺盖去火车站排队，排不上甚至自己搭钱买高价票。最后，随着答应的事情越来越多，也越来越难办,最终造成了家庭的不和睦。

假设你是小品中的郭子,你怎样拒绝?

口才金言

说话前要想想,是否有不妥之处,或有更好的说法。

——刘墉

实践情境11

提　问

实践提示

在社交实践中，提问是我们获取信息，解除疑点，实现有效沟通的一种“工具”。恰当的、适时的提问能够促使对方思考，规范对方思路，决定交谈方向，提高交谈质量；反之，如果不懂得提问的艺术，或抓不住提问的时机，都可能导致因“错问”、“问错”而错失有效信息，甚至出现沟通“堵塞”。所以，提高自己的提问能力也是社交实践的基本要求。

实例点击

许戈辉妙问刘翔

下面是“2004 · TOM 在线星光盛典颁奖晚会”上主持人许戈辉与奥运冠军刘翔的精彩对话。

许戈辉：在奥运会上你身披国旗刷一下就跳上领奖台，是事先设计好的吗？

刘　翔：不是，是临时发挥。那个时候感觉太好了，感觉已经出神入化了。

许戈辉：（面对观众）对于刘翔来说，任何地方都是舞台。赛场是舞台，颁奖台是舞台。（面对刘翔）你就站在这个舞台上向世界来一个宣言吧！

刘　翔：我第一次出国比赛时的愿望是能够打败更多的欧美选手，现在我希望能够“在黑人的森林里多放几把火烧一烧”。我会更努力，把状态调整好，因为2008年奥运会在我们中国北京举行，我想把名次拿好，不给大家留什么遗憾。

许戈辉：你这个奖项的候选人中，最强劲的竞争对手是姚明。姚明说：“自从有了刘翔，上海滩的老大就不是我了！”你怎么看？

刘　翔：其实大家都是在自己的领域和项目上打拼。我希望他一定把自己身体爱护好，把自己的生活照顾好，千万不要受伤，尽自己的力就可以啦！

分小组讨论：许戈辉对刘翔的提问妙在何处？

【5分钟后分别请几个小组的同学代表到台上来陈述自己小组的见解。】

实践方法指导

一、提问的基本原则

1. 目的明确

在社交实践中，要想让提问富有实效，其前提就是要使提问具有明确的目的性，也就是说，提问之前必须清楚为什么要提问，是想从对方身上获得答案，还是想让对方进一步说明问题，只有目的明确，提问才会有的放矢，才更有可能达到目的。

2. 方式多样

当然，目的明确不是说提问的形式一定要直接，相反，在目的性导引下的提问的方式、方法是很多的，不能局限于某一种单一的提问方式，而是要根据不同的沟通目的、内容、环境等因素选择和使用不同的提问方式，保障提问的有效性。

3. 语言简明

提问在语言要求上要做到简洁明白。简洁就是提问的语言要干净利索，不拖泥带水，不使用过于冗长语句。明白就是提问的语言要通俗顺畅，不含糊其词，要方便对方的理解。在做到简洁明白的基础上讲究语言具有启发性和诱导性。

4. 难度适中

在社交实践中，如果不看提问对象的年龄特征、知识水平和接受能力等因素就提问，则往往得不到理想的答案，这就要求提问时要根据提问对象的实际情况和提出问题的内容而定，问题的“难度”要与提问对象相“匹配”，让其能够回答。

参考案例

临近教师节了，一位实习记者被派往一所省级示范中学，采访在教改中做出突出贡献的张老师。这位实习记者见面就问：“您是哪所大学毕业的呀?”张老师回答道：“我没上过大学。如果你是来找大学学历的教师，那你找错门了。上过大学的教师，我们学校有的是!”结果这位实习记者讨了个没趣。

为了缓和气氛，他转移话题，准备从生活入手，随口问道：“您孩子多大了？该上初中了吧?”张老师脸一红，很不高兴地说：“我还没结婚呢……”随后说声“失陪”便抽身离去。这位实习记者十分尴尬。

二、提问的常用方法

1. 直接提问法

直接提问法就是提问者从正面直截了当地提出问题，开门见山，干净利落，做到开诚布公,而不是拐弯抹角,常常采用“是什么……”、“为什么……”等句式,特别是需要对方毫不含糊地做出明确答复时,这是一种理想的提问方式。当然,直问不等于过于直白和过分生硬,提问时要注意必要的情感铺垫,让对方心理上舒缓一些。

参考案例

美国《星期六晚邮报》记者马克斯·冈瑟采访一位曾经做过国内税收局的官员时就采用了直问法:“在你检查人们的纳税申报期间,有人向你行过贿吗?”这个问题引起了对方的兴致,他们谈了 4 小时,结果记者带着有关国内税收局内幕的动人材料满载而归。

2. 侧面提问法

侧面提问法就是提问者从侧面旁敲侧击地提出问题,问在此而意在彼,通过攀谈的方式逐步将问题引上正题。比如,当提问对象面对提问感觉紧张,或者有所顾虑,或者不知怎么谈论等情况下,提问者就可以尝试这一迂回的提问方式。当然,这样的提问可能在花费的时间上要多一些,同时注意开始攀谈的内容要与本质问题有实质性的关联。

参考案例

有一次,中央电视台主持人赵忠祥到北京精神病院采访一位女患者。节目编辑预设的问题是:“你什么时候得的精神病啊?”赵忠祥觉得这样的问话太刺激患者,便改为侧问:“你在医院住多久了?”“住院前觉得怎么不好呢?”这样避免了直接提问带来的尴尬和对患者可能带来的刺激。

3. 追踪提问法

追踪提问法就是提问者循着某种思路或某种逻辑,在提问对象已经回答的基础上,进行连珠炮式的提问,进一步挖掘问题,引出对方对有关问题的进一步阐述,或对已经回答的问题做进一步的解释,使对方的回答具有一定的深度或广度。提问的方式如“还有什么呢?”、“其他原因呢?”、“您能进一步解释一下吗?”需要注意的是,追问不是逼问,应当注意把握提问的态度和语气等。

4. 诱导提问法

诱导提问法就是提问者通过采用启发诱导的方式,引导或激活对方的思路,诱发对方的情感,使对方明确双方沟通的范围和内容,从而有针对性地把对方掌握的信息引导出来,这比较适合提问对象不愿意说、不大会说、不想主动说等情形。在某种情况下,诱导提问法还可以有意识地通过提问来使对方落入提问者的“圈套”,从而使其承认或否认某种言行。

参考案例

孟子在劝谏魏惠王时，曾经提出一个问题："假定有一个人向大王报告：我的臂力能举起三千斤的重物，却拿不起一根羽毛；我的目力能把秋天鸟的细毛看得分明，但一车柴火摆在眼前却瞧不见。你相信吗？"魏惠王说："不，我不相信。"孟子马上接着说："这样看来，那个力士连一根羽毛都拿不起，是不肯用力的缘故；那位明察秋毫的人连一车柴火都瞧不见，是不肯用眼睛的缘故；如果老百姓得不到安定的生活，是不肯干，不是不能干。"孟子开始的问话就是诱导提问法。

5．转借提问法

转借提问法就是提问者假借他人之口向提问对象提出自己想提的问题，既可以借助第三方提出一些不宜于面对面提出或不太好直说的问题，也可以说明所提问题的客观性，增加提问的力度。

参考案例

一个青年教师向一位老教授这样提问："刘教授，我听张主任说，您刚刚发表了一篇关于××问题的学术论文是吗？很有影响，方便借我拜读一下吗？"借他人来说事，问中有赞，会让对方欣慰。

6．限定提问法

限定提问法就是提问者在向提问对象提出问题时，为了避免对方在"是"与"否"的简单回答中可能给出提问者不想出现的否定性的回答，进而在提问时先给出两个或多个可供对方选择的肯定性答案，让对方回答时不自觉地选择其中的一个答案，而进而实现提问的目的。

参考案例

你想约一个人见面。你如果这样问："您看什么时候您有时间？"、"您看周六上午可以吗？"，那么对方很可能会这样回答："不好意思，我最近没时间。"、"周六上午不行。"

而你如果这样问："您看是周六上午还是周六下午我来见您？"对方可能这样回答："周六下午吧，上午我还有点别的事情要办。"

7．协商提问法

协商提问法就是用商量的口吻以征求提问对象意见的提问形式，诱导对方进行合作性的回答，由于这种提问法不使用强硬的语气，所以对于提问对象比较容易接受，即使对方有不同意见，也能够使双方在良好的协商气氛下进一步洽谈下去。

【名人与口才】

• 爱德华·威格恩 •

爱德华·威格恩是美国著名的演说家和心理学家，他中学时对演讲无比恐惧。他说："当演讲的日子靠近时，我真的病了，只要一想到那可怕的事情，血就直往脑门冲。我的两边脸烧得难受，不得不到学校后边去，把它们贴在冰凉的墙砖上，以减少汹涌而来的潮红，读大学时也是这样。有一次演讲，我只说了一句话"亚当斯与杰弗斯已经过世"，就大脑空白，灰溜溜地回到座位，引来了震耳欲聋的哄笑，我当时真想一死了之，之后病了数日。活在这世上，我最不敢奢望的，就是当一个大众演说家。后来我就不断练习，不断克服恐惧，结果，数年以后，我是全世界最敢讲话的人，竟然会把当众演说当成自己吃饭的职业。"

实践强化训练

□ 训练1：提问情境案例分析与讨论

请分析与讨论下列的提问情境案例中提问者的"得"或"失"。

◆ **案例1**

某位主管领导的三个手下都完不成布置给他们的任务，这位主管想对此事加以证实并问清原因。他可能这样做：

——把三个人一起找来问："是你们的一致看法吗？为什么？"

——把三个人一个个找来问："你的看法和他俩一致吗？为什么？"

◆ **案例2**

某饮食店的服务员可能这样问顾客：

——您要些什么？

——您今天要些什么？

◆ **案例3**

某家咖啡店卖的可可里可以加鸡蛋。两位服务员用了两种不同的方式询问顾客是否加鸡蛋：

服务员甲："您要加鸡蛋吗？"

服务员乙："你要加一个鸡蛋，还是加两个鸡蛋？"

◆ **案例4**

下面是两名商场服务员在与顾客交流中的提问：

甲：您不喜欢这一款？您是指价格太贵了吗？

乙：您不喜欢这一款？那么您不喜欢这一款的什么方面呢？

◆ **案例5**

某大学毕业生毕业找工作，他来到一家报社，对经理说："你们需要一个好编辑吗？""不需要。""那么记者呢？""不需要。""那么录入员呢？""不，我们现在什么空缺也没有。"如果这位大学生提问到此为止的话，他在报社的求职也就宣告失败了。但他并没有放弃，而是进一步问："那么，你们一定需要这个东西吧？"说完，这个大学生从公文包里拿出一块精致的牌子，上面写着："额满暂不雇用。"结果，这个年轻人被留了下来，主要负责宣传方面的工作。

◆ 案例 6

第 12 届 CCTV 电视青年歌手大奖赛中，一对来自阿坝地区的羌族兄弟选手演唱的羌族酒歌《唱不起了》得分很高，但素质考核得分却为零分。主持人董卿为了缓解兄弟俩的尴尬，临时加入了一个小问题，她说："就像这对来自深山的选手不了解外面的世界一样，我们对他们民族的文化也未必知道。我现场替他们给评委和观众们出一道题，请问佩戴在兄弟俩脖子上的这个银制的小壶是干什么的？"评委们纷纷抢答，场上场下气氛十分热烈，十几秒后，无人答对。董卿考虑到整个比赛的进程，赶紧转场："刚才没有一位是答对的，请这对选手告诉我们正确答案。"选手说："是进山打猎时用来装油和盐的。"现场报以热烈的掌声。

◆ 案例 7

中央电视台著名主持人敬一丹在石家庄签名售书，一名记者采访她时提问道："你如何看待中国目前的新闻舆论监督作用？你怎样处理生活和事业的关系？"敬一丹听后回应说："你的问题太大了，恐怕我回答不了。"

◆ 案例 8

北京远郊区有个山村的群众吃水很困难。后来，在当地政府的关怀下，村民们都用上了自来水。记者采访一位老大娘时问道："大娘，您吃上自来水了，高兴吧？"大娘回答说："高兴！高兴！"这次采访，记者就提了这一个问题，大娘也就连着说了两个"高兴"，心里有话却没能说出来。

◆ 案例 9

女子体操团体比赛结束后，一名记者采访教练："拿了冠军，队员们高兴吗？"教练："都挺高兴的。"记者："那你高兴吗？"

◆ 案例 10

周洋在冬奥会上夺冠后，某媒体亲赴周洋家中采访周洋父母，接受采访的是周洋的母亲，因记者一再追问是不是培养周洋就是为了改变他们夫妻俩的生活而让周洋的母亲不禁失声痛哭。

一位男记者首先发问："周洋的获奖感言，很多网友都说是说得最棒的。"随后就开始了逼问："周洋说能让父母生活得更好一些，对于她的这句话，您有什么感想？"

朴实的周洋母亲一开始还并没有理解记者的意思，她微笑着回答道："这个吧，我姑娘反正不善说，属于内向型的孩子，孩子以前跟我说过……嗯，妈妈您为我付出的太多。"

此时，另一位女记者接过话来，更进一步逼问："您能想想她第一次说的时候吗？"

周洋母亲继续如实回答："这个女儿有时候是给我们说过，之前就提过我们贷款买房子，但是我寻思着贷款还要还，咱们有房子就先这么住着吧。"

这位女记者仿佛抓到一根稻草，立刻追问："阿姨，叔叔有时候表达有些不清，他说女儿全力以赴可以改变下家里的生活，现在就有人误解，是不是培养孩子的目的性太强了？"

当这名女记者接着问道："是不是说当初培养女儿，纯粹地只为改变家庭环境？"周洋母亲理解了她的意思，反问道："怎么说？"女记者再一次阐述问题，"说的那句话，就说是培养周洋的目的性太强了，纯粹用女儿改变你俩的生活。"

听到这句话时，周洋的母亲立即断然否定，"那不对，他爸不是那种人，作为我和她父亲来说，我们不会拿孩子一生做赌注，我们只是看孩子在这方面有发展，我们作为父母应该支持她。我们绝对没有那个意思!”

周洋母亲随后回忆过年周洋不在家的情景,眼泪止不住流下来。旁边的男记者还试图继续逼问,周洋母亲失声痛哭:“我们能把孩子当赌注么?为了父母成名么?这么说会让我们伤心!”

“我真想不通,怎么会这么想呢?”周洋母亲已不再理会两名记者……

◆ **案例11**

一天晚上,演讲大师李燕杰教授刚从夜校上完课回家,一位青年从后面跟上来,非要和他谈心。李燕杰看看眼前的青年,留着小分卷,上穿红色衬衫,下穿牛仔裤,胸前却挂着一个耶稣受难的十字架,心里便明白了眼前这个青年的思想状况。青年诚恳地要拜李燕杰为师,表示要学好文学和外语。李燕杰见他真诚,就和他谈起心。于是,李燕杰便开始了一连串的诱发式反问。下面是他们的对话:

李:你为什么要戴这个(十字架)呢?

青年:你是搞中国古典文学的,还懂这玩意儿?

李:你真把我看扁了,我要连这个问题都答不上来,今个儿我不就栽了吗?

青年人笑了。

李:你不是在学外语吗?我问你,“圣经”这个词,英语怎么说?

青年人答不上来。

李:Bible,Bible。你挂十字架,会念祈祷词吗?

青年:不就是“阿门”吗?

李:不对。(从头到尾背了一遍祈祷词)你读过圣经吗?你知道圣经都讲了什么吗?

青年:不知道,没读过。

李燕杰给青年讲解了圣经的主要内容,然后话题一转,又谈到美的含义。

李:打个比喻,有个女孩子非常漂亮,相貌好,身材好,还有一身白皙的皮肤,看上去非常美。可是有人告诉你,她就是爱在电车上干这个(做一个扒手的动作),这时候你还认为她美吗?

青年:内心与外表不一致,不美。

李:有这么一幅油画,一个修女,外表穿得非常肃穆,内心对耶稣也很真诚,胸前挂着十字架,你觉得美吗?

青年:内外和谐,对基督徒来说,当然美了。

李:那么阁下既不懂圣经又不是教徒,胸前却挂着个十字架,难道你会认为这样很美吗?

青年哑口无言。

◆ **案例12**

日本战后许多商店因为人手奇缺,想减少送货任务,有的商店就将“是您自己拿回去呢,还是我们给您送回去呢?”的问话,改为“是我们给您送回去呢,还是您自己带回去呢?”结果大奏奇效,顾客听到后一种问法,大都说:“还是我自己带回去吧。”商家既达到了自己的目的,又不违背文明服务的原则。

□ **训练2:提问情境模拟演练与体验**

请分角色扮演模拟演练与体验下列的提问情境。

◆ 演练与体验 1

一位非常要好的朋友到家里来做客,你知道他喜欢喝咖啡,你可以怎么问他?如果是一位新朋友呢?

◆ 演练与体验 2

在社交场合,你如何向不同年龄段的人询问他们的年龄?

◆ 演练与体验 3

你想约几个好朋友于周末来家里聚会,事先要争得父母的同意,并需要请求父母赞助一些"经费"。你如何向父母提出要求?

◆ 演练与体验 4

你前几天刚向你的辅导员老师借了钱,答应在月底前还上。不巧这几天由于要提前交纳一项培训费,手头又非常紧,你想到再向这位辅导员老师借一些钱,但你也感到有点儿不好意思开口了。你准备如何向辅导员老师提出再借钱的问题呢?

◆ 演练与体验 5

下面可能是你的女友(男友)要问你的问题:

——我和你家人相比,谁在你心里排第一位啊?

——你是从什么时候开始喜欢我的啊?

——我和你前女友(男友)比起来,你更喜欢哪一个?

◆ 演练与体验 6

假设让你主持一场观众参与式的娱乐比赛节目,为了活跃现场气氛,你总要对选手们提一些即兴的小问题,尽量让选手们放松。你会提哪些问题?

◆ 演练与体验 7

假设你是校园广播站的记者,教师节到了,你打算分别采访一下校长、老教授、青年教师和学生。请分别设计不同的问题。

◆ 演练与体验 8

假设你是一位商场营业员,你对下列顾客如何说招呼提问语:

——无明显购买欲望的顾客;

——陌生的有购买欲望的顾客;

——熟悉的顾客。

口才金言

提出一个问题往往比解决一个问题更为重要。

——爱因斯坦

实践情境12

应　答

实践提示

在社交实践中,有"问"就要有"答",一问一答,才能保证沟通的顺畅。应答是对提问的反馈,是将自己的想法借助于别人的提问表达出来,但由于提问者的情况不同,提出的问题也会各异,相对于提问,很多时候应答可能显得难度更大,它容不得你有太多的思考时间来"设计"答案,更需要现场灵活、机智地应对。一个巧妙的应答有利于提升沟通的质量,避开尖锐的矛盾,甚至还可以起到四两拨千斤的作用。

实例点击

周杰伦妙答记者提问

周杰伦是许多青年朋友非常喜爱的一位华语歌手,拥有众多的"粉丝"。其实,周杰伦不但歌唱得好,他的口才也是数一数二的。

有一次,记者问到周杰伦和某女明星是否有恋爱关系时,周杰伦立即以四句改编诗歌回答道:"绯闻诚可贵,八卦价更高。若为音乐故,两者皆可抛。"周杰伦幽默的话语,顿时引得现场响起一阵阵笑声和掌声。

另外,2008 年 10 月 13 日,周杰伦的国语大碟《魔杰座》全亚洲发片记者会在台北举行,记者会上,周杰伦抢先让大家欣赏了他刚刚完成最后剪辑工作的另一个新专辑主打歌曲《时光机》。演唱完后,主持人在台上问他如果时光能倒转,他最希望回到过去挽回什么?主持人期待周杰伦可以谈到是否可以挽留什么感情,聪明的周杰伦没有掉进圈套,他出其不意地回答道:"我是看未来的人,即使有时光机我也不希望回到过去,我希望前往未来,看看到时候自己的音乐是否存在。"

分小组讨论:周杰伦对记者的应答高在何处?

【5 分钟后分别请几个小组的同学代表到台上来陈述自己小组的见解。】

实践方法指导

一、应答的基本原则

1. 葆有自信

应答时葆有充分的自信是保证沟通中占据主动地位并使沟通顺畅的必要条件。提问者各异,提问的问题也可能千奇百怪,如果回答者没有自信就会将自己处于被动地位,甚至在应答过程中会导致情绪失控,更会使主导地位丧失。

2. 尊重问者

尊重提问者,这是应答最基本的前提。首先就是在对方向自己提出问题时,要认真倾听,做到听清问题并迅速理清思路,在未能完全听清问题之前就急于解释可能会造成答非所问。然后在回答的过程中以认真、礼貌和积极的态度对待每一个问题和每一个提问者。

3. 灵活应变

在社交实践中,有些问题只需按照对方问话的本意直截了当地给出答案即可,但更多的时候,往往由于各种原因,需要摆脱何所问、何所答的思维模式,采取间接的方式回答,特别是对于那些难以回答、有挑衅意味的问题,更应采取机智灵活的应答方法,掌握主动权。

参考案例

一位中国外交官,在舞会上与一个法国女郎跳舞,法国女郎突然发问:“请问先生,您是喜欢中国女郎,还是喜欢我们法国女郎?”如果回答说喜欢法国女郎,有损民族尊严和国格,如果回答说喜欢中国女郎,对这位法国女郎又显得不礼貌和不友好。这位外交官灵机一动,回答道:“凡是喜欢我的小姐,我都喜欢!”

二、应答的常用方法

1. 直接式应答

直接式应答是最常见的正面应答。对于那些过于简单的问题,或者问话和答话的目的仅仅是为了聊天,可以随口直接应答。而想要在正面应答中使双方通过问答产生应有的效益或达成应有的目的,则需要再运用必要的技巧进行巧妙应答。

2. 附和式应答

附和式应答常在提问者提出的问题其实已有自己的主张时运用,因为提问者提问的目的主要是希望回答者能够给出一定的肯定或者附和,从而明确自己的判断。对于应答者,如果没有特殊问题,这时候应当给予提问者以附和。

3. 形象式应答

形象式应答就是指当提问者提出一个带有一定“理论”色彩的问题时,如果回答者泛泛而谈地讲一些空洞的大道理往往得不到听者的认同,这时不妨用形象化的方法如讲故事、打比方等,将可能枯燥的道理具象化,让听者品味。

参考案例

在香港书展读者见面会上,有读者问韩寒:“你是如何看待你成长之路上遇到的种种困难挫折的?”韩寒沉思片刻后回答说:“一个农夫的驴子不小心掉进了枯井里,农夫绞尽脑汁都没法救出驴子,为免除驴子等死的痛苦,他决定将泥土铲进枯井中把驴子埋了。刚开始驴子叫得很凄惨,后来却渐渐安静了下来。农夫好奇地探头往井底一看:原来,当泥土落在驴子的背部时,驴子便将泥土抖落在一旁,然后站到铲进的泥土堆上面!就这样,驴子很快便上升到了井口!我们在成长之路上难免会陷入‘泥土’,换个角度看,它们也是一块块的垫脚石,而想要从‘枯井’脱困的秘诀就是将‘泥土’抖落掉,然后站到上面去!只要我们锲而不舍地将它们抖落掉,站上去,那么即使是掉落到最深的井,我们也能安然地脱困。”韩寒通过即兴讲述一个“驴子落枯井”的小故事,极富理趣地谈及了成长路上的“枯井”和“泥土”的现实意义,深刻地道出了自己独特的人生观——把困难化作动力,给人以智慧的启迪。

4. 反弹式应答

反弹式应答是指当对方提出问题后,回答者依照对方问话的形式将问题反弹回去,让他自己去领会,或者在某种情境下让他同样为难,这种方法可以用来对付一些难题或者通过此法避而不答。如提问者问:“你说,是先有鸡还是先有鸡蛋呢?”应答者对此问话稍加改变反弹过去:“你说,是先有鸡蛋还是先有鸡呢?”

5. 借讳式应答

借讳式应答是指在不想回答对方提出的问题时,借对方的忌讳有礼貌地来做出拒绝性的应答,以求得对方的理解和赞同。运用这种方法要因人因地而异,运用时不能犯讳,不能用来伤害对方的情感。

参考案例

王光英当初赴香港创办光大实业公司时,一下飞机,记者们蜂拥而至。一位女记者挤到面前,问道:“先生,请问您这次到香港带了多少钱来?”王光英见对方是个女记者,急中生智,这样应答道:“对女士不能问岁数,对男士不能问钱数,小姐,你说对吗?”既达到了目的,又很有幽默感。

6. 岔引式应答

岔引式应答是指碰到那些不好正面回答的问题时,顺着问者的语意岔开话题,随机插入一个与之相关的问题，将对方一步一步往自己预定的答案上引导，在不知不觉间达到问者自答或他人代答的目的。

7．闪避式应答

闪避式应答是指在提问者提出一个问题后，应答者就这个问题有不同的看法，但又一时说不出谁是谁非，所以本着“求大同，存小异”的原则，用巧妙的辞令对问题加以回避。

参考案例

当初，有人问一位文艺理论家：“你对当前争论最大的演员××是怎么看的？”

这位理论家回答：“过去我与××素不相识，直到前不久开政协会时，听了她的发言才算认识她，关于××的争论我不了解，无从谈起。只觉得对于像她这样的优秀演员，我们一定要珍惜，不应过多地苛求。我们这一代人，文化营养很足，在这种条件下，能够达到这样表演艺术水平，太不容易了。我们应充分敬重她，不要苛求我们的姐妹，苛求是一种罪恶。”应答者巧妙地避开了争论的问题，又说出了一般人对××的看法。

8．借题式应答

借题式应答就是在回答提问者提出的问题时，巧妙地借用对方问话中的语气和词句等，以一种出人意料又在情理之中的借题发挥式的方法来回应对方，实现一种在特定情境下的理想应答效果。

参考案例

1972年，基辛格随同尼克松访问莫斯科，途中在维也纳就美苏首脑会谈问题举行了一次记者招待会。这时《纽约时报》记者提问一个所谓“程序问题”：“到时你是打算点点滴滴地宣布呢，还是来个倾盆大雨，成批地发表协定呢？”从不放过任何机会讥讽《纽约时报》的基辛格，一板一眼地说：“我明白了，这位记者先生要我们在倾盆大雨和点点滴滴之间任选一种，这很困难，无论怎样，都是很糟糕的，这样吧，我们点点滴滴地发表成批申明。”

9．无效式应答

无效式应答是指当提问者提出的问题很难回答时，如果不予理睬或一律说“无可奉告”，既显得对对方不礼貌，又可能使自己当场受窘，所以这时可以做出绝对正确而毫无实质意义的无效回答。

参考案例

有一次，一位美国人问作家王蒙："20 世纪 50 年代和 70 年代的王蒙，哪些地方相同，哪些地方不同？"王蒙答道："50 年代我叫王蒙，70 年代我还叫王蒙，这是相同的地方；50 年代我 20 多岁，70 年代我 40 多岁，这是不同的地方。"

中国从 20 世纪 50 年代到 70 年代经历了诸多政治风云，王蒙身处其中，也有许多一言难尽的遭遇和变化，这些内容很敏感和微妙，不容易说清楚，或者王蒙也根本不想再去触及这些往事，而且也不宜或不必贸然向一个陌生的美国人谈这些。所以，王蒙机敏幽默地说了这些绝对正确的看似"切题"却什么也没说的大实话。

实践强化训练

□ 训练 1：应答情境案例分析与讨论

请分析与讨论下列的应答情境案中应答者的"得"或"失"。

◆ **案例 1**

一次，某记者问杨澜："你想拥有什么样的后半生呢？"

杨澜说："我连前半生还没过完呢，怎么就后半生了啊？"

◆ **案例 2**

《名人面对面》是凤凰卫视的品牌栏目，创办伊始至今，许戈辉付出了很多心血和努力。下面是许戈辉应对记者相关问题的回答。

记者："《名人面对面》，顾名思义，就是名人与名人相对而坐，就事论谈。对英语专业毕业的你，当初有人认为你不能胜任这个节目，你认为你主持这个节目有哪些优势？"

许戈辉："我谈不上有什么优势，但只要我有这个机会，就尽量发挥出来。我这个人比较温和或平和，但我不认为这是一种缺点、弱势，反而有时候是一种优势。主持人不应该是态度，而是角度，别拉出一副架势，头头是道，比专家还要有学问。采访时，我会把自己做不同的定位。有时我是个求教者，把对方当专家，站在一个普通老百姓的角度；有时我是个挑战者，你有你的观点，我有我的观点，以此种挑战激发对方的谈兴。"

记者："你的《名人面对面》与《杨澜工作室》有什么异同？"

许戈辉："你是说我和杨澜吗？我们是不同的两个人，我们做的节目就不可能一样。我觉得一个成熟的观众不会过多地在意我们有什么不同，而是会关注节目本身的特色。我做节目时也从没有刻意去模仿或者刻意去区别于谁的节目。我自己的风格是比较平民化的，在节目中常以观众代言人的形象出现。我的节目更侧重于发掘名人，发掘思想理念，我的嘉宾会是这个时代某个领域的先锋。"

◆ **案例 3**

在某大型婚恋交友真实秀节目的提问环节中，某男嘉宾用略带湘味的普通话问女嘉宾："听说你喜欢做甜品，那么对男人，你是喜欢甜甜的，还是喜欢彪悍型的呢？"

"我喜欢彪悍型的男人给我带来甜蜜。"女嘉宾回答得干净利落。

一会儿，显示屏播放女嘉宾的VCR，在谈到择偶标准时，女嘉宾说喜欢的男孩子类型应是黑黑的、壮壮的，因为那样感觉特别有安全感。

这时，爱提问的男嘉宾又问："那两个配置差不多的电脑，你喜欢大的还是喜欢小的？"

女嘉宾脱口而答："喜欢小的。"

"那为什么选男朋友，你要选大的呢？"男嘉宾反问。

这会儿，全场所有的目光集体转向台上，似乎等待着一场笑话。但可爱的女嘉宾没有被这刁钻的怪问题所难倒，也没有被现场的紧张氛围所吓倒。她露出甜甜的笑容，环顾左右，微笑着说："因为电脑是我要带着走的，是我要保护的东西。男朋友选择大的，是来保护我的。"话音刚落，现场旋即爆发出雷鸣般的掌声。

◆ **案例4**

在一次记者招待会上，一位记者问孙悟空的扮演者六小龄童："当初谈恋爱，你和于虹谁追的谁？"

六小龄童回答说："到底谁追谁，有什么重要？我们都没有想过要'追'对方，因为不是在赛跑，一个在前一个在后，我们是夜色中的两颗星星，彼此对望了几个世纪，向对方眨着眼睛，传递着情意。终于有一天，天旋地转，我们就像磁石的两极碰到一块儿，吸在一起了。"

◆ **案例5**

香港作家陈浩泉在小说《选美前后》中描写了"香港小姐"半决赛中的一个场面：

主持人向一位参加半决赛的小姐提问："杨小姐，假如要你在下面的两个人中选择一个做你的终身伴侣，你会选谁呢？这两个人一个是肖邦，一个是希特勒！"杨小姐立即回答："我会选希特勒。"杨小姐的回答引起了观众和记者们的骚动。有人提问："你为什么选择希特勒？"杨小姐从容地回答："我希望自己能感化希特勒。如果我嫁给希特勒，肯定第二次世界大战不会发生，也不会死那么多人了。"

◆ **案例6**

作家王蒙新时期的小说与《组织部新来的年轻人》在风格上有很大的变化。当有位读者直截了当地向他提出，你能不能再保持《组织部新来的年轻人》的风格时，王蒙说："不论有多少好心的读者希望我保持'组织部'的'年轻人'的风格，但是，这是不可能也是不必要的。二十年来，我当然早就被迫离开了'组织部'，也再不是'年轻人'……"

◆ **案例7**

第二十四届奥运会在首尔（汉城）举行，第二批中国奥运代表团到达首尔（汉城）时，记者纷纷问李梦华："中国能拿几块金牌？""中国能超过韩国吗？"

李梦华答道："10月2日以后，你们肯定能知道。"

记者又问："中国新华社曾预测能拿8到11枚金牌，你认为客观吗？"

李梦华回答得很巧妙："中国有充分的言论自由，记者怎么想，就可以怎么写！"

◆ **案例8**

2000年10月美国总统大选，当时我国一位知名教授赴洛杉矶访问。刚下飞机记者就过来采访他，"请问教授，您认为美国总统大选谁会获胜？"当时是官方活动，不能信口开河，如果这位教授按照记者的思路，回答谁会获胜，一旦回答错误，将是一件很尴尬的事情。

这位教授回答说，“首先，我要感谢各位记者对我们的关注，此外，我相信美国人民是受过良好教育的人民。美国人民是强调独立自主的，所以这次美国总统大选美国人民一定会做出符合自己意愿的选择，而且我相信不管谁当选美国总统都会促进中美关系的可持续发展。谢谢，我的话说完了。”

◆ **案例 9**

1860 年，林肯与民主党候选人道格拉斯竞选美国总统。道格拉斯资金雄厚，他为了推销自己，特地租用了一辆漂亮的专列，车后安放了一尊大炮，每到一站，就鸣放 30 响，并口出狂言，要让林肯这个乡下佬闻闻贵族的气味。面对挑战，林肯没有退缩。当有人问林肯拥有多少财产时，林肯答道：

“我有一个妻子，3 个儿子，他们都是无价之宝。此外，我还租有一间办公室，室内有一张办公桌、3 把椅子，墙角还有一个大书架，架上的书值得每个人一读。我本人既穷又瘦，脸蛋很长，不会发福，我实在没有什么可依靠的，唯一可依靠的就是你们。”

□ **训练 2：应答情境模拟演练与体验**

请分角色扮演模拟演练与体验下列的应答情境。

◆ **演练与体验 1**

小李因为工作关系结识了小刘姑娘。一天两人在路上相遇，边走边谈，恰巧被小李单位的小张看到。小张脱口便问：“这是你女朋友吧？”小刘姑娘一听脸刷地红了，尴尬局面顿生。这时小李应当怎样回答才能摆脱窘境？

◆ **演练与体验 2**

你的女朋友（男朋友）长得并不漂亮（帅），有一天她（他）问你究竟喜欢她（他）什么，你该如何回答？

◆ **演练与体验 3**

结合实践情境 10 的学习，自拟情境，分组分角色模拟答记者问。

◆ **演练与体验 4**

如果有人问到你的隐私问题，如年龄、收入、婚姻等，你将如何回答？

口才金言

不要想到什么就说什么，凡事必须三思而行。

——莎士比亚

实践情境13

拜　访

实践提示

在社交实践中,拜访是人与人之间一件经常性的工作,是指前往他人的工作单位或住所,进行必要的接触与沟通。无论公事私事、大事小事,抑或有事无事,人际交往中总少不了相互拜访,没有拜访的人际关系是不完整的,其工作效率也往往会受到影响。拜访可以让人们由陌生到熟悉,由熟悉到亲近,使彼此间的感情得到进一步加深。那么,拜访者如何与拜访对象进行恰当的语言交流,进而建立信任,加深友谊,让拜访做得更加富有效果,最终实现拜访目的,都是我们必须考虑的事情。

实例点击

话往对方心坎上说

有一位先生到朋友家拜访,朋友家有一个两个多月的胖儿子。这位先生很热情地对孩子的父母赞美道:"哟! 好健康的小家伙儿,真可爱,将来长大了肯定有出息,恭喜你们了!"可是主人并没有露出高兴的表情,反而显得很失望的样子。主人说:"其实,我们俩特别喜欢女儿,一直想要个女儿的。"听了这话,这位先生知道自己的称赞没说到朋友的心坎上。不过,他马上又对主人说:"没关系,等小孩子长大了,娶个漂亮孝顺的媳妇,你们不就等于有了一位可爱的女儿吗?"

分小组讨论:你怎么评价这位先生拜访时关于朋友家小孩的言谈?

【5分钟后分别请几个小组的同学代表到台上来陈述自己小组的见解。】

实践方法指导

一、拜访口才的实施基础

1. 明确拜访意图

拜访是一种重要的交往方式。按拜访方式的不同,拜访可以分为当面拜访、电话拜访、信函拜访;按拜访地点的不同,拜访可以分为办公场所拜访、休闲娱乐场所拜访和家庭拜访;按拜访性质和目的的不同,拜访可以分为公务拜访和私人拜访;按与拜访对象的关系,拜访可以分为陌生拜访与熟悉拜访。无论哪种拜访,都要明确拜访的对象,准确定位拜访意图,有的甚至要制订详实的拜访计划,有效减少拜访的盲目性,提高拜访效率。

2. 做好访前准备

不管是公务拜访还是私人拜访,如无极特殊情况,都不可贸然造访,必须做好相关准备,做到有备而来,不打无准备之仗。

(1) 访前预约

访前预约要以拜访对象为主定出拜访的日期和时间,同时要告知对方拜访的目的、己方前往的人数等概况,尤其是在业务拜访中要告知对方将商谈事情的概要,充分体现对被拜访者的尊重。

(2) 修饰仪表

为了显示对拜访对象的尊重和自重,在拜访前,应该充分重视自己的形象,要做到面颈部整洁干净,发饰衣着得体。尤其是熟人之间的拜访,可能拜访者认为穿着随意一些显得更加亲近,但是如果正巧遇见拜访对象的家人或朋友在场,会令他很难堪。

(3) 准备用品

名片、笔、本、礼物等都要准备齐全,丢三落四,会失去对方的信任。如果是公务拜访中的推销或洽谈,还要注意资料的准备。有时为了体现拜访者的一片诚意,拉近双方的距离,拜访者可以准备合适的礼物,但要遵守相关的风俗习惯,不要弄巧成拙。

3. 运用接近话语

接近话语就是面对拜访对象的最初阶段的话语。正确地使用接近话语可以瞬间给对方留下较好的印象,突出拜访的意图。一般来讲,使用接近话语的步骤如下。

(1) 称呼对方

每个人都喜欢自己的名字从他人的口中说出,说出对方的姓名及职务、职称等是拜访者必须做到的。

(2) 自我介绍

清晰地说出自己的名字、工作单位、职务等。当然如果交往的双方比较熟悉时,就可以将此内容省略。

(3) 感谢对方

诚恳地感谢对方能抽出时间接待你,比如说"不好意思,真是打扰您了"或"感谢您在百忙之中抽出时间来陪我"。

(4) 适当寒暄

根据事前的准备资料,表达对拜访对象的赞美,或能配合拜访对象的状况,选一些对方能容易谈论及感兴趣的话题。

(5) 表达理由

以自信的态度,清晰地表达出拜访的理由,让拜访对象能够信赖你。

参考案例

销售人员小王以稳健的步伐走向张总经理，当视线接触至张总时，他轻轻地行礼致意，视线集中在张总的鼻端。当距离张总一米远时停下，向张总深深地点头行礼。小王此时面带微笑，先向张总经理问好以及自我介绍。

小王：张总，您好。我是大华公司的销售人员王×，请多多指教。

张总：请坐。

小王：谢谢，非常感谢张总在百忙中抽出时间与我会面，我一定要把握住这么好的机会。

张总：不用客气，我也很高兴见到您。

小王：贵公司在张总的领导下，业务领先业界，真是令人钦佩。我拜读过贵公司内部的刊物，知道张总非常重视人性的管理，员工对您都非常爱戴。

张总：我们公司是以直接拜访客户为导向，需要员工有冲劲及创意。冲劲及创意都必须靠员工主动去做的，用强迫、威胁的方式是不可能成为一流公司的。因此，我特别强调人性的管理，公司必须尊重员工、照顾员工，员工才会真正的发挥潜力。

小王：张总，您的理念确实是反映出贵公司经营的特性，真是有远见。我相信贵公司在照顾员工福利方面不遗余力，已经做得非常多。我谨代表本公司向张总报告有关本公司最近推出的一个团保方案，最适合外勤工作人员多的公司采用。

张总：新的团体保险？

小王：是的。张总平常那么照顾员工，我相信张总对于员工保险这项福利知道得一定很多，不知道目前贵公司有哪些保险的措施呢？

……

4. 注意访中仪态

拜访者的行为举止不仅代表着个人的文化素养，更代表着所在组织的精神面貌。为了表达对拜访对象的敬意和自重，拜访者更要注意拜访过程中的仪态。潇洒的风度、优雅的举止，往往会给他人留下深刻的印象，甚至会取得事半功倍的效果；反之，则不然。

参考案例

有一位美国华侨，到国内洽谈合资业务，洽谈了好几次，最后一次来之前，他曾对朋友说："这是我最后一次洽谈了，我要跟他们的最高领导谈，谈得好，就可以拍板。"过了两个星期，他又回到了美国，朋友问："谈成了吗？"他说："没谈成。"朋友问其原因，他回答："对方很有诚意，进行得也很好，就是跟我洽谈的这个领导坐在我的对面，不时地抖着他的双腿，我觉得还没有跟他合作，我的财都被他抖掉了。"原本胸有成竹的一单生意，因为公司领导的毫无察觉的小动作而以失败告终。

二、拜访口才的基本要求

1. 态度真诚

拜访的态度直接体现了拜访者的主要价值观念和人生概念，拜访对象往往通过拜访者的言行举止考察拜访者，以确定自己是否有必要花时间进一步交流，因此拜访的态度直接决定了拜访的成败。拜访者态度真诚是对拜访对象最起码的尊重。

参考案例

汉末，黄巾起义，天下大乱，曹操坐据朝廷，孙权拥兵东吴。汉宗室豫州牧刘备听徐庶和司马徽说诸葛亮很有学识，又有才能，就和关羽、张飞带着礼物到隆中卧龙岗去请诸葛亮出山辅佐他。恰巧诸葛亮这天出去了，刘备只得失望地转回去。不久，刘备又和关羽、张飞冒着大风雪第二次去请。不料诸葛亮又出外闲游去了。张飞本不愿意再来，见诸葛亮不在家，就催着要回去。刘备只得留下一封信，表达自己对诸葛亮的敬佩和请他出来帮助自己挽救国家危险局面的意思。过了一些时候，刘备吃了三天素，准备再去请诸葛亮。关羽说诸葛亮也许是徒有虚名，未必有真才实学，不用去了。张飞却主张由他一个人去叫，如果他不来，就用绳子把他捆来。刘备把张飞责备了一顿，又和关羽、张飞二人第三次拜访诸葛亮。到时，诸葛亮正在睡觉。刘备不敢惊动他，一直站到诸葛亮自己醒来，才彼此坐下谈话。诸葛亮见到刘备有志替国家做事，而且诚恳地请他帮助，就出来全力帮助刘备建立蜀汉政权。这就是著名的刘备三顾茅庐的故事。

2. 互相尊重

心理学认为，人们对尊重的需要分为两类，即自尊和来自他人的尊重。在拜访中，无论对方的地位高低、身份如何、相貌怎样，都要尊重对方的人格，做到不卑不亢，使人感到彼此在双方的心目中都是受欢迎的，从而得到一种心理上的满足，进而产生愉悦，使拜访取得成功。

参考案例

晏子姓晏名婴，春秋时期齐国人。他博学多才，聪明过人，是齐国著名的政治家。由于他能说善辩，所以齐景公经常派他出使各国。

一次，晏子要出使到楚国去，楚灵王知道了，就召集众大臣说："听说晏子是齐国能言善辩的大臣，名气虽然很大，但他身高却不足五尺（春秋时期尺子小，一尺合现在的0.23 m左右），我想当面羞辱他一番，叫他知道知道咱们楚国的威风，你们谁有什么好办法？"

这时，一个大臣在楚灵王耳边，嘀咕了半天，楚灵王一边笑一边连说："好，好，这个办法好。"

于是，那个大臣马上叫人在城门旁边挖了一个五尺高的小洞，等晏子到来时，他们故意把大门关了，想让晏子从小洞进城。

晏子到楚国那天，走到小洞前边，看了看，说："这是狗洞，不是城门。出使狗国的人，才从狗洞进。今天，我是出使楚国，不是出使狗国。请问我是来到了狗国呀，还是来到了楚国？"这一问闹得楚国的大臣们，谁都说不出话来，只好打开城门，迎接晏子进城。

晏子见到楚王，楚王笑嘻嘻地说："怎么，齐国没有人了吗？"

晏子知道楚王是在讽刺他个子矮，但他却不动声色地回答说："您这是什么话！单是我们齐国首都临淄，就有七八千户人家。街上的行人挤得肩膀挨着肩膀，脚尖碰着脚跟。大王，您怎么说齐国没有人呢？"

楚王说："既然有这么多人，为什么要派你这样的人出使到我们堂堂的楚国来呢？"

晏子不慌不忙地回答："噢！这您就不知道了。我们齐国派遣使臣有个规矩：对方要是个上等国家，就派一个有本事的人去；对方要是个下等国家，就派一个无能的人去；我就是个无能的人，所以才派我到你们楚国来。"几句话说得楚王张口结舌。

3. 时间适当

应当根据拜访目的的不同，选择适时的拜访时间。一般情况下，公务拜访应当尽量选择在上班时间，尽量避免在刚上班、午休或下班前进行拜访；私人拜访应当尽量选择在休闲时间和休闲场所。拜访交谈时间不宜过长，一般在 15～30 分钟为宜。

4. 遵守约定

如果拜访的时间已经约定，那么就应该按时前往。俗话说：时间就是生命，时间就是效率。守时是对他人守信的一种表现，是做人处世、交际往来的重要准则，是职业的基本道德，是国民的基本礼仪，更是事关拜访成败的关键。

5. 做客有方

拜访者进门后，应当主动向被拜访者以及在场的人打招呼、问好。主人请你入座时，应当道声"谢谢"，并坐在主人指定的座位上。没有主人邀请，拜访者不应该到处乱闯，私人家庭拜访特别要注意不应该随便进入卧室。即使是比较熟悉的朋友，也不要去触动主人的物品和室内陈设。

6. 交谈文明

在拜访交谈过程中，要使用文明优雅的语言。粗话、脏话、黑话、荤话等都会令人反感厌恶，难以与他人进行真正的沟通和交流。同时，拜访交谈过程中，注意说话语速要适中，口气要谦和，不可与拜访对象争执。

7. 适时告辞

拜访的时间不宜过长，当宾主双方都谈完该谈的事情，叙完该叙的情谊之后，就应当及时起身告辞。告辞时应当对主人的款待表示谢意，并说一些"打扰了"、"添麻烦了"、"谢谢"之类的客套语。如有必要，还应当酌情说"请您以后多指教"、"希望以后多多合作"、"愿我们的合作能长久持续下去"等。出门后应当主动请主人留步，礼谢远送。

三、拜访口才的开场技巧

1. 开场白的重要意义

心理学中的首因效应提醒我们,“接近对方的 30 秒,决定了拜访的成败”,尤其进行陌生拜访时,通常对方会在最初的几分钟里对拜访者进行判断,决定是否与这个人交谈下去,因此开场白决定了这个拜访过程的走向。拜访者在与拜访对象见面寒暄之后就应该提出拜访目的,以及这次拜访对拜访对象的价值,并询问对方是否接受。精心准备的开场白往往可以打开对方的谈话空间,拉近双方的距离,尤其在工作场合的公务拜访中更显重要。

2. 常用的开场白方式

(1) 问题设置法

这种开场方式主要是通过提问的形式激发拜访对象的注意力和兴趣点,进而顺利过渡到正式拜访谈话。

参考案例

大四学生小张利用课余时间在学校推销书籍,每当走进陌生同学的宿舍,小张总是从容不迫、平心静气地提出两个问题:“如果我们送给您一套关于经济管理的丛书,您打开之后发现十分有趣,您会读一读吗?”“如果读后觉得很有收获,您会乐意买下吗?”小张的开场白简单明了,也使一般的同学找不出说“不”的理由,从而达到拜访的目的。

(2) 求教开场法

拜访者利用拜访对象好为人师的心理来接近他,向他讨教,往往能达到较好的效果。在一般情况下,拜访对象是不会拒绝虚心讨教的拜访者的。

(3) 利益激发法

拜访者将拜访深入进行能使对方获得什么利益一五一十地道出来,从而引发拜访对象的兴趣,增强深入交谈的信心。

(4) 表演展示法

在公务拜访中,特别是像推销这样的拜访活动中,为了更好地完成既订计划,拜访者利用表演展示的方法打开局面,从而实现拜访目的。

参考案例

这是出现在北京某高校附近印刷社的一个场景。“我可以使用一下您的打印机吗?”一个陌生人推开门,探着头问。在得到对方同意之后,他径直走到打印机前坐了下来,在几张纸中间,他分别夹了十张复写纸,并把这些纸卷进了打印机。“你用普通的复写纸能复写得这么清楚吗?”他站起来,顺手把这些纸分发给办公室的每一位成员,又把打在纸上的字句大声读了一遍。毋庸置疑,来访问者正是某品牌复写纸的推销员,疑惑之余,主人很快被复写纸吸引住了。这位陌生的推销员采用实际行动来代替一味地劝说,瞬时间将拜访对象的目光吸引,从而实现了无约拜访的既定目的。

实践强化训练

□ 训练1:拜访口才情境案例分析与讨论

请分析与讨论下列拜访口才情境案例中拜访者的"得"或"失"。

◆ **案例1**

一位书法爱好者到一位书法家那里拜访求字。

咚咚咚!(敲门)

书法家:(开门)你好,你是……

爱好者:您好!是××老师吗?

书法家:我是。

爱好者:我叫×××,是×××老师介绍我来的,我一直特别喜欢您的书法,今天特来拜访您,求您赐幅字。

书法家:啊!快请进。

◆ **案例2**

晓春搬家后不久,就到新认识的邻居家串门。邻居热情地把晓春让进屋,端茶递水,很是亲切。晓春先是和邻居小王讨论新上市的时装,然后又品评小王家的窗帘,接下来又谈论育儿和照顾老人。晓春的健谈和见多识广令小王惊讶,但是没多久小王就感到吃不消。晓春的嗓音高而尖锐,不时还发出"嘎嘎"的笑声,像是金属在玻璃上划过的感觉,让人听起来心里烦躁。小王耐着性子和晓春谈了半个多小时,再也吃不消了,于是推说自己要出去办点儿事情,礼貌地把晓春打发走了。后来晓春多次邀请小王上自己家做客,小王都婉言谢绝了,因为她实在无法忍受晓春尖厉的声音。

◆ **案例3**

一位职工想在单位分房时优先,便提着东西去局长家拜访,刚到局长家门口就碰上局长,他显得很尴尬。

职工:"我来表示意思……"

局长:"什么意思?"

职工:"没有什么意思,本来我也觉得这没意思,其实这也没有什么不好意思,意思意思一下,略表意思。请别怀疑我有什么别的意思,来时,我感到我太小意思,所以反倒不好意思。"

局长:"你这是什么意思?"

职工:"不来,又怕你说我太不够意思。"

局长:"噢!原来是这个意思,你何不早说是这个意思。"

职工:"这……"

◆ 案例4

小李参加暑期大学生社会实践，今天，她要去采访一位企业家。电话预约后，小李来到那家公司，秘书小姐请她在办公室先坐一会儿，因为张总临时有个紧急会议。过了半个多小时，门推开了，门口出现了张总略带疲惫的脸。小李马上站起身来，微笑着说："您好，张总。真是非常感谢您能在百忙之中接受我的拜访。""不用客气，请坐。"坐定之后，小李又诚恳地说："说实在的，我刚才心里还有点儿忐忑。见到张总这么忙，真有点儿担心您无暇顾及我的这件小事，而且您工作这么辛苦，我占用了您宝贵的时间，实在是不好意思。""哪里的话，约好的事情，我一定会做到的。"

"是呀，从张总的身上我能看到贵公司重实守信的形象。"听到小李这句真挚的赞扬，张总爽朗地笑起来，刚刚的疲惫一扫而空。接下来，双方的交谈显得既轻松又愉快，一个小时很快就过去了。临别时，小李又向张总致谢："今天采访进行得这么顺利，我要谢谢张总的配合。而且张总平易近人的言谈，努力开拓、求实创业的精神给我留下了深刻的印象，更让我感受到了你们企业蓬勃向上的活力和风采。回去我一定把这篇报道好好地写出来，让更多的人以您为榜样，从你们成功的事迹中得到激励。如果我毕业后能有机会来贵公司工作，成为贵公司的一员，那将是我莫大的荣幸。"

◆ 案例5

某天，有一名销售人员要拜访一位公路局的客户。这位客户的办公室里摆了许多他们的产品，这使销售人员感到非常高兴。

销售员：看到您这里摆了很多我们的产品，我非常高兴，您对我们公司印象怎么样？

客户：印象不错。

销售员：以前您都是通过代理商买的，现在我们做直销了，服务更好了，能提供24个小时内上门的服务。

客户：哦？这倒不错，以前可都是拿过去修，耽误很多时间。如果能提供24小时上门的服务，真是太好了。我们马上会上一个全省高速公路计算机系统，你们能保证24小时上门吗？

销售员：当然可以做到，我们的服务体系非常完整，我们的工程师都经过专业训练。我们的直销模式是这样……

客户：那你们这个方案应该怎么做？我们打算十月份就要开始这个项目了。

销售员：您等我把我们的直销方案说完，我还会给您介绍我们的模式，接下来我再看您的方案……

客户：你说得很好，我10分钟后就要开会，我得去准备一下。

◆ 案例6

陈毅市长夜访齐仰之(话剧节选)

(齐仰之居室挂着"闲谈不得超过三分钟"的条幅)

……

陈毅：我以为，齐先生虽是海内外闻名的化学家，可是有一门化学，齐先生也许一窍不通！

齐仰之：什么，我齐仰之研究化学40余年，虽生性驽钝，建树不多；但凡是化学，不才总还略有所知。

陈毅：不，齐先生对这门化学确实无知！

齐仰之：那我倒要请教，敢问是哪门化学？是否是无机化学？

陈毅：不是！

齐仰之：有机化学？

陈毅：非也！

齐仰之：医药化学？

陈毅：亦不是！

齐仰之：生物化学？

陈毅：更不是！

齐仰之：这就怪了，那我的无知究竟何在？

陈毅：先生想知道？

齐仰之：极盼赐教！

陈毅：（看表）哎呀哎呀，3分钟已到，改日再来奉告！

齐仰之：话还没说完，怎么好走？

陈毅：闲谈不可超过3分钟呢？

齐仰之：这……可以延长片刻。

陈毅：说来话长，片刻之间，难以尽意，还是改日再来，改日再来。（陈毅站起，假意要走，齐仰之连忙拦住。）

齐仰之：不不不，那就请陈市长尽情尽意言之，不受3分钟之限！

陈毅：要不得，要不得，齐先生从不破例的！

齐仰之：今日可以破此一例！

陈毅：可以破此一例？

……

□ 训练2：拜访口才情境模拟演练与体验

请分角色扮演模拟演练与体验下列的拜访口才情境。

◆ *演练与体验1*

假设你要拜访下列人员，与对方见面后你将如何开始这次拜访？拜访过程中怎样与之交流？

——街上偶遇你多年不见面的高中同学，约好后去他家/单位。

——你很久没有联系的一位老师，现在有一件事想请他帮忙，联系上后去他家/单位。

——你仰慕的一位名人，约好后去他家/单位。

——你的一位潜在客户，约好后去他单位。

◆ *演练与体验2*

今天是星期六，早晨你接到部门上司妻子的电话，邀请你的全家到她家作客，你欣然应允。请根据情境展开想象和联想，同小组成员一起分角色表演，注意拜访语言的使用。

◆ *演练与体验* 3

小张是某公司总经理的秘书。今天是客户某公司营销部李部长的生日，总经理让小张代表他去拜访李部长并送去生日礼物。请模拟演练小张带着礼物去李部长办公室拜访李部长的过程，要求见面时间在 5 分钟左右。

◆ *演练与体验* 4

作为学校的外联部部长，学校派你去某知名大酒店联系实习事宜，你并不认识该酒店的经理，只知道她的名字，请模拟完成这项任务。

口才金言

要是你想达到你的目的，最好用温和的态度与人家说话。

——莎士比亚

实践情境14

接　　待

实践提示

在社交实践中，接待与拜访互相呼应。《弟子规》中有“首孝悌，次谨信，泛爱众，而亲仁，有余力，则学文。”中国人好客的习惯已经沿袭了几千年了。“有朋自远方来，不亦乐乎”，在接待中，接待者与拜访者之间的语言交流是不可缺少的。比如，接待者如何应对初次拜访者的“滔滔不绝”？商务接待中引导宾客进出电梯时应该说些什么？工作中领导的家属突然来访应该怎样面对？把客人招待好是一门学问，千万别出现“在家不会迎宾客，出路方知少主人”的情况，而接待口才技巧的恰当运用显得尤为重要。

实例点击

酒店公关部经理的接待应对

北京有家新闻单位，为拍摄一部片子，到某饭店借酒具。公关部经理颇感为难：借吧，违反酒店规定；不借吧，显得小气。于是经理面带微笑解释说：“按理说你们这点儿要求完全应该答应。但是酒店的酒具是成套的，一次制成，如果损坏一个，整套的价值就降低了，因此酒店规定一律不得外借。但你们的事也很重要，我想了个主意：我们的酒具是××玻璃厂制造的。我给你们写个条，你们去找玻璃厂联系，可能会有让你们满意的消息。”

新闻单位的同志带着条子找到玻璃厂，受到十分热情的接待。原来厂方事先已接到饭店公关部的电话。厂领导不仅答应出借酒具，而且主动提出向新闻单位提供一笔赞助费。新闻单位十分满意，也答应为厂方拍几组宣传镜头。

分小组讨论：你怎样评价酒店公关部经理在接待中的言行？

【5分钟后分别请几个小组的同学代表到台上来陈述自己小组的见解。】

实践方法指导

一、接待口才的基本要求

1. 文明守礼

在公务场合，当客人进入你的眼帘的时候，要立刻起身点头打招呼，切忌一边埋头工作一边漫不经心地问客人："啊，你找谁呀？"正确的做法是，立刻起身对客人点头打招呼说"您好！"或直接迎出去，微笑握手说"欢迎！欢迎！"。

2. 热情周到

主人接待陪同客人时，要微笑着请客人到会客室或客厅入座，倒上一杯茶，开始与客人寒暄。在公务场合，如果非第一主人出面接待，相关辅助工作人员可以拿出报纸、资料给客人看，并适当地跟客人聊天。寒暄过程中，接待人员应当耐心倾听，再认真答复。接待人员应适当询问可以为客人做些什么，如"李总正在开会，请您稍等一下，请问我能帮您做些什么？"

参考案例

一天上午，某公司在一家五星级酒店的多功能会议厅召开会议。其间，该公司职员李小姐来到商务中心发传真，发完后李小姐要求借用电话机给总公司打个电话，询问传真稿件是否清晰。

"这里没有外线电话"。商务中心的服务员说。

"没有外线电话稿件怎么传真出去的呢？"李小姐不悦地反问。

服务员："我们的外线电话不免费服务。"

"我已预付了 20 元传真费了。"李小姐生气地说。

服务员："我收了你的传真费，并没有收你的电话费啊！更何况你的传真费也不够。"

李小姐说："啊，还不够？到底你要收多少呢？开个收据我看一看。"

"我们传真收费的标准是：市内港币 10 元／页；服务费港币 5 元；3 分钟通话费港币 2 元。您传真了两页应收港币 27 元，再以 1:1.08 的比价折合成人民币，我们要实收人民币 29.16 元。"服务员立即开具了传真和电话的收据。

李小姐问："传真收费还有电话收费是根据什么规定的？

"这是我们酒店的规定。"服务员出口便说。

李小姐："请您出示书面规定。"

"这不就是价目表嘛。"服务员不耐烦地回答说。

李小姐："你的态度怎么这样？"

"您的态度也不见得比我好呀。"服务员反唇相讥。

李小姐气得付完钱就走了。心想：五星级服务，难道就是这样的吗？

3. 一视同仁

中国人讲究来的都是客，在日常接待中，接待者会遇见许多不同的客人，也许某人其貌不扬，我们要本着的"一视同仁"的原则对待每一位客人，千万不要以貌取人，分冷热亲疏，给对方留下不好的印象。

参考案例

宋代大文豪苏东坡平生喜欢访僧问禅，有一次脱掉官服，换上寻常百姓衣服到某座寺庙中去游玩拜会。

这座庙的方丈看到来人貌不出众，穿戴寻常，就坐在自己位子上没有动，只是懒洋洋地抬手让小和尚给他看座，算是打了个招呼："坐，茶。"

苏东坡看到方丈如此怠慢自己，有些不高兴，便想戏弄一下这个以貌取人的僧人，于是吩咐站在一边的小和尚："取善簿来。"意思是要布施一些香火钱。

善簿取来以后，苏东坡当着方丈的面，提笔写道：香火钱100两。方丈在旁边伸着脖子看到，心中一喜，热情地站了起来："请坐。"又吩咐小和尚："上茶。"

苏东坡一笑，又在善簿上落款：东坡居士苏轼。那方丈一看吓了一跳，他没想到眼前这个看似寻常的人居然是名动天下的大学士苏轼，急忙向他深施一礼，满脸堆笑地说："请上坐。"又急忙吩咐："快！快！上好茶。"

两人落座以后，方丈素闻苏东坡诗词书画冠绝天下，千金难求，于是借这个千载难逢的机会请他为庙里题字。苏东坡爽快地答应了，信笔在备好的纸上写下了一联：坐，请坐，请上坐；茶，上茶，上好茶。

二、接待口才的实施步骤

1．热情问候

无论在何时何地，一旦遇见来访者，一定要主动热情问候。问候可以打破人际交往中的僵局，缩短人际距离，会为双方进一步的交谈做好良好的铺垫。跟初次见面的人问候，最标准的说法是"您好"、"很高兴能认识您"、"见到您非常荣幸"等；跟熟人问候，用语要显得亲切、具体一些，可以说"是什么风把你给吹来了"、"好久没见了"、"又见面了"等，也可以讲"你气色不错"、"您的小孙女好可爱呀"等。同时要注意对来访者的礼貌称呼。

参考案例

1992年12月，俄罗斯前总统叶利钦首次对中国进行访问。17日上午，叶利钦的专机降落在北京机场，外交部礼宾司司长鲁培新按照外交惯例在俄罗斯驻华大使的陪同下登上飞机，同叶利钦热情握手，并用俄语对他说："热烈欢迎总统阁下首次访华，今天天气晴朗，天气也在欢迎您。"叶利钦听后很高兴："这是我担任总统后首次访华，来到中国后，你是我见到的第一个中国官员，你流利的俄语让我感到很亲切，这是访问圆满成功的预兆。"

2. 确认身份

确认客人的身份有利于接待工作的进一步进行。如果对方是你预约的但从未照面的朋友,你可以试探性地询问:“请问,你是×××吗?”如果对方是你预约的很熟悉的朋友,你可以直接打招呼:“张经理,您好!欢迎欢迎!”或者“王先生,您好!我们经理在等您呢!”如果来客众多,可以先作自我介绍,再了解对方的身份:“我是××公司的综合部经理,专门负责此次接待工作,请问各位是哪家公司的呢?”如果是无约之客,应当询问:“请问您有预约吗?”或者“对不起,请问您找谁?”

3. 真诚寒暄

无论公务来访还是私人来访,客人坐定后,应当立即主动与之寒暄。如果是公务来访,可以与客人自然而然地聊一些公司的情况。如果是私人来访,可以彼此之间聊聊家常,互相打听一下双方家庭成员的情况,如“近来如何?”、“尊父近来身体可好?”等,设法为客人创造一种轻松愉快的气氛,使之有客至如归的感觉,为接下来的接待工作做好铺垫。

有些客人没有事先预约而突然来访,虽然他们的到来可能会打乱正常的时间安排,但对这些客人,主人也不能怠慢,应当机智灵活地接待。如果客人上门推销产品或要求与相关人员见面,并摆出一副不达目的不罢休的架势,主人要委婉地予以拒绝,如“谢谢您诚恳的介绍,但是这件事我需要跟大家商量一下,我们随后主动联系您。”或“今天我父亲确实不在,现在与他联系不上。等他回来之后,我会告诉他您的联系方式。”

参考案例

某集团公司汪总经理的日程表上清晰地写着:“12月25日接待英国的汤姆先生”。汤姆先生拥有众多的国外客户,同他合作,有望使本公司的商品打入更多的国外市场。于是,总经理把接待汤姆的任务交给了公关部经理,毕业于××高校文秘专业的黄小姐。

25日下午4时,汤姆乘坐的班机准时降落,当汤姆走出出口后,黄小姐便热情地迎了上去,并用一口纯熟的英语做自我介绍:“Hello, Mr Tom! My name is Huang Yan, my English name is Orange. I'm from ×× company. Glad to meet you! Wish you a most pleasant stay in our company! ……(汤姆先生,您好!我的中文名字叫黄艳,英文名字叫Orange。我来自××公司,见到您很高兴!祝您此行愉快!)”她的一番介绍,使正在茫然四顾的汤姆先生立即有了一种踏实的感觉。

随后,黄小姐陪同汤姆先生乘轿车离开机场向城市中心的宾馆驶去。一路上,黄小姐不时向汤姆先生介绍沿途的风光及特色建筑,汤姆对黄小姐的介绍很感兴趣。

天色渐暗,华灯初上,望着窗外的景色,汤姆富有感情地说:“In our country, today is a very happy day, family, enjoy the fun of life.”(在我们国家,今天是个非常快乐的日子,亲人团聚,尽情享受生活的乐趣)话语中透着几分自傲,又似乎有几分遗憾,黄小姐认真地倾听并不断地点头。车子抵达宾馆,由服务人员将汤姆先生引入房间稍事整理后，黄小姐请汤姆先生一同共进晚餐。走入餐厅，汤姆先生被眼前的景色惊呆了：圣诞树被五彩缤纷的灯饰装饰得格外绚丽，圣诞老人在异国慈祥地注视着远方的游子。进餐中，服务人员手捧鲜花和生日贺卡走进来呈给他，汤姆先生更是激动不已。原来，这天正是汤姆先生59岁生日。黄小姐举起手中酒杯，对他说："I represent our company and Mr Wang wish you merry Christmas and a happy birthday!"（我代表我们公司及汪总经理，祝您圣诞节欢乐，生日快乐！）汤姆兴奋地说道："Thank you for me the red carpet at Christmas dinner and the birthday party, Your precious friendship and good wishes, I will never forget!（谢谢你们为我举行这么隆重的圣诞晚宴及生日宴会，你们珍贵的友情和良好的祝愿，我将终生难忘。）

4. 礼貌送别

在客人告辞时，应当先诚恳地挽留，如客人执意要走，则不必强留。不管对方有没有达到目的，一定让他觉得你对他很在意、很客气。送别客人时，应当说一些热情的告别语，如"您走好"、"欢迎再来"、"经常来玩"等，即使拒绝了对方的要求，也要说"谢谢您的光临"或"以后常联系"等。

三、工作接待口才技巧

1. 楼梯引导语

在引导客人上楼时，应当让客人走在前面，接待人员走在后面；在引导客人下楼时，应该由接待人员走在前面，客人走在后面。边走边说一些引导语，如"请这边走"，并提醒客人注意安全，如"刚下过雪，楼面湿滑，请注意"。

2. 电梯引导语

在引导客人乘坐电梯时，接待人员应当先进入电梯，用手按住门的边侧，以防电梯门关闭，并说"请进"，等客人进入后关闭电梯门，告知客人应去的楼层，如"我们的会议室在公司11层，我们先去那里"。到达时，接待人员按"开"的钮，并说"请"，让客人先走出电梯。

3. 走廊引导语

在走廊行走时，接待人员应当走在客人二三步之前，让客人走在内侧，边走边向客人介绍此行的目的地，或简要介绍一下公司或公司某部门的基本情况，当客人表现出对某一事物的关注时，接待人员应当耐心地进行讲解。

4. 会客厅引导语

引导客人走入会客厅后，接待人员应当用手指示，并说"请坐"。请客人坐下后，行点头礼后离开。如客人错坐了座位，则应当微笑着引导其坐到应该坐的位置，如"先生，请您坐在2号座，好吗？"

参考案例

一次，嘉兴工艺美术公司王力接待一名美国客户，在公司三楼的拐角处，这位客户看到墙壁上悬挂的一幅“嫦娥奔月”国画，不禁驻足观看。见到此情景，王力便走上前去，向他介绍说：“中国画历史悠久，远在2000多年前的战国时期就出现了画在丝织品上的绘画——帛画，这之前又有原始岩画和彩陶画。这些早期绘画奠定了中国画以线为主要造型手段的基础……这幅‘嫦娥奔月’取材于中国的一个神话故事。嫦娥是神话中后羿的妻子。后羿从西王母处得到不死之药，嫦娥偷吃后，就奔向了月宫。这个动人的传说，一时脍炙人口。‘嫦娥奔月’，寄予了人们对美好生活的追求，被称为是‘吉祥’画。”客人听后很感兴趣，最后，王力告诉这位美国客户，在华盛顿的宇航馆里也有一幅“嫦娥奔月”图，图旁的说明是：“在人类历史上，是谁第一个有到月亮上去的想法？是中国古代的嫦娥女士……”这位美国客户非常感谢王力的介绍，终于和这家公司签约。

四、家庭接待口才技巧

1. 迎客语

如果事先知道有客人来访，则要提前打扫门庭，以迎嘉宾，并备好茶具、烟具、饮料等，也可根据自己的家庭条件，准备好水果、糖、咖啡等。客人在约定时间到来时，应当提前出门迎接。如果遇见客人敲门或按门铃时，则应当尽快应答，开门后应当对客人说“请进”，并酌情说些相应的迎接语，比如“我们好久不见，您能来我太高兴了”、“您太客气了，您能来，我非常高兴”、“哎呀，有失远迎，不好意思”等。

2. 待客语

客人来到家中，要热情接待。在家中待客不能穿内衣、内裤，应当换便衣，即使是十分熟悉的客人，也应当换上便衣。客人进屋后，首先请客人落座，然后敬茶、端出糖果。端茶、送糖果盘时要用双手，并代为客人剥糖纸、削果皮。把茶水送给客人时随之说声“请您用茶”或“请喝茶”。如果客人送上了礼物，主人及其家人应当面拆开包装，并进行赞美，如“谢谢”或“让您破费了”。

参考案例

从前，有个叫“憨大”的人很好客，但是又很不会说话，因为这个毛病，他得罪了不少人。

一天，憨大过50岁的生日，特意邀请了张三、李四、王五和赵六等几个朋友到家中欢聚，庆祝自己的生日。

快到吃饭时，张三、李四、王五都来了，只有赵六还没来。憨大见赵六还没来，懊恼地说："该来的还不来。"张三、李四、王五听了这句话心里很不是味。张三心里想："赵六是该来的，我可能是不该来的吧。"于是一句话没说，拍拍屁股起身就走了。憨大见张三不声不响地走了，也不知道是生他的气，就着急地说："哎呀，不该走的又走了。"李四一听，心里想："张三是不该走的，那可能我是该走的吧。"于是也气呼呼地不辞而别了。

憨大更觉得莫名其妙，摊摊手对王五说："你看，我又不是说他们。"王五听了这句话，心里更不是滋味了，心想："不是说张三，也不是说李四，那肯定就是说我该走了。"于是再也坐不住了，板着脸离开了憨大的家。

憨大怎么也不明白，自己过生日好心好意请来的客人怎么都跑了呢。

3．致歉语

如果客人无约而至，恰好家中又不够干净整齐，显得凌乱，要做些必要的整理，并向客人致歉，可以说"对不起，让您见笑了"或"真不好意思，家中比较凌乱，请您这边坐"。客人来时，如果自己恰巧有事不能相陪，则要先打招呼，致以歉意，并安排家属陪着，然后再去做自己的事。

4．进餐语

若是吃饭时来客人，则要热情邀请客人一同进餐。如"赶得好不如赶得巧，请跟我们一起吃午饭吧"，或"听说你是一个美食家，请你品尝一下我们家的饭菜"等。

5．留客语

客人要回时，应当进行挽留，可以说"再坐一会吧，今晚真是太愉快了"，或"时间还早着呢，我们再聊一会儿"等。如果客人坚持要回去，则不要勉强挽留。

参考案例

明朝有个叫徐文长的才子，有一回他去访问朋友，恰巧碰上阴雨连绵，只得留在朋友家里。过了几天，这个朋友看他没有走的意思，想催他走，又不好说，就写了张字条，放在客厅里，即"下雨天留客天留我不留"。

徐文长来到客厅后，看到字条，默默念道："下雨天留客，天留我不留。"他明白了主人的意思，对朋友使自己难堪的做法很生气，但他发现这个字条没有标点，便加上了标点，变成"下雨天，留客天，留我不？留！"一字也没动，意思正相反。

主人看见了，脸也红了。

6．致谢语

有些客人常常会带礼物来，对此，我们送客时应当有所反应，如表示谢意，或请求客人以后来访再不要携带礼品了，或相应地回谢一些礼物，比如可以说"您送我的礼物我非常喜欢，只是您太客气，以后千万不要这样”、“这是我从老家带回来的特产，请您和您的家人品尝一下”，或“这条红色的围巾是我的一个朋友从美国带回来的，正适合您的女儿，请帮我带给她”等，决不能受之无愧似地若无其事，毫无表示。

【名人与口才】

• 卡特波恩 •

卡特波恩是资深的美国新闻评论家，在读哈佛大学时，曾参加一次演讲竞赛。他选择了一则短篇故事《先生们，国王》，并将这则故事反复背诵，直到烂熟于心。结果到了现场，他刚一开口“先生们，国王”，之后脑子就是一片空白。在绝望之下，不得已，他就只能用自己的话来讲这则故事。意想不到的是，卡特波恩竟然获得了第一名。从这天起，卡特波恩就不曾读过、背诵过一篇讲稿，而这正是他在广播事业取得成功的秘诀所在。

实践强化训练

□ 训练 1：接待口才情境案例分析与讨论

请分析与讨论下列接待口才情境案例中接待者的“得”或“失”。

◆ **案例 1**

一个下雨的晚上，机场附近某大酒店的前厅很热闹，接待人员正紧张有序地为一批误机团队客人办理入住登记手续，在大厅的休息处还坐着五六位散客等待办理手续。此时，又有一批误机的客人涌入大厅。大堂经理小刘密切注视着大厅内的情景。

“小姐，麻烦您了，我们打算住到市中心的酒店去，你能帮我们叫辆出租车吗?”两位客人从大堂休息处站起身来，走到小刘面前说。“先生，都这么晚了，天气又不好，到市中心去已不太方便了。”小刘想挽留住客人。

“从这儿打的士到市中心不会花很长时间吧，我们刚联系过，房间都订好了。”客人看来很坚决。

“既然这样，我们当然可以为您叫车了。”小刘彬彬有礼地回答道，她马上叫来行李员小秦，让他快去叫车，并对客人说：“我们酒店位置比较偏，可能两位先生需要等一下，我们不妨先到大堂等一下好吗?”

“那好吧，谢谢。”客人被小刘的热情打动，然后和她一起来到大堂休息处等候。

天已经很黑了，雨夹着雪仍然在不停地下着，行李员小秦始终站在路边拦车，但十几分钟过去了，也没有拦到一辆空车。客人等得有些焦急，不时站起身来观望有没有车。小刘安慰他们说：“今天天气不好，不太容易打车，不过我们会尽力而为的。”然后又对客人说：“您再等一下，如果叫到车，我们会及时通知您的。”

又是 15 分钟过去了，车还是没拦到。客人走出大堂门外，看到在风雪中站了 30 多分钟脸已冻得通红的行李员小秦，非常抱歉地说：“我们不去了，你们服务这么好，我们就住这儿吧，对不起。”

◆ **案例 2**

一天，住在 ×× 商务酒店的日本母女到酒店的商场部来选购货品。她们来到针织品柜台，目光集中在羊毛衣上面，服务员小刘接待了她们。小刘先是用日语向她们打招呼，接着热情地把不同款式的毛衣从货架上取下来让客人挑选。当小刘发现客人对选购什么颜色犹豫不决时，便先把一件灰色的毛衣袖子搭在那位中年母亲的肩上，并且说："这件淡雅色的毛衣穿起来更显得文静苗条。"接着拉过镜子请她欣赏。同时她又拿起一件粉色的毛衣对旁边的女儿说："这件毛衣鲜艳而不俗气，很适合你的年龄。"母女俩高兴地买下来，另外还挑选了六件男女羊毛衫准备带回日本给家人和亲友。

随后，那位中年母亲希望小刘能陪同一起到其他柜台看看，小刘和同事打了个招呼，便欣然同意为她们母女当参谋。这时，那位日本母亲说："我想买两方砚台送给我热爱书法的丈夫。"于是她们来到工艺品柜台，母亲指着两方刻有荷花的砚台对小刘说："这两方砚台大小也正合适，可惜的是造型……"客人的话立刻使小刘想到，在日本荷花是用来祭奠死者的不吉之物，看来只有向她推荐别种造型的砚台。于是小刘与工艺品服务员小张商量以后，回答说："书画用砚台与鉴赏用砚台是不一样的，对石质和砚堂都十分讲究，一般以实用为主，您看，这方鱼子纹歙砚，造型朴实自然，保持着砚石自身所固有的特征，石质又极为细腻，比方荷花砚更好，而且砚堂平阔没有雕饰，用这样的砚台书写研墨一定能得心应手，使用自如。"服务员小张将清水滴在三方砚台上，请客人自己亲自体验这三方砚石在手感上的差异。最后，客人满意地买下了这方鱼子纹歙砚，并连声向小刘和小张道谢，还拉着小刘的手说："你将永久留在我的记忆中。"

◆ **案例3**

在某气派豪华的中餐厅中，客人熙熙攘攘，服务员在餐桌之间穿梭忙碌。一群客人走进餐厅，引位员立即上前，把客人引到一张空桌前，让客人各自入座，正好十位坐满一桌。

服务员小李及时上前给客人一一上茶。客人中一位像是主人的先生拿起一份菜单仔细翻阅起来。小李上完茶后，便站在那位先生的旁边，一手拿着小本子，一手握支笔，面含微笑地静静地等待先生点菜。那位先生先点了几个冷盘，接着有点犹豫起来，似乎不知点哪道菜好，停顿了一下，便转向小李说："小姐，请问你们这儿有些什么海鲜菜肴？""这……"小李一时有点回答不上来，"这就很难说了，本餐厅海鲜菜肴品种档次各有不同，价格也不同，再说不同的客人口味也各不相同，所以很难说哪个海鲜菜肴特别好。反正菜单上都有，您还是看菜单自己点吧。"小李的一席话说得似乎头头是理，但那位点菜的先生听了不免有点失望，只得应了一句："好吧，我自己来点。"于是，他随便点了几个海鲜和其他一些菜肴。

当客人点完菜肴后，小李又问："请问先生要什么酒水和饮料？"客人答："一人来一罐青岛啤酒吧。"接着客人又问："饮料有哪些品种？"小李一下子来了灵感，忙说道："本餐厅最近进了一批法国高档矿泉水，有不冒气的和冒气的两种。""矿泉水？"客人听了感到意外，看来矿泉水不在他考虑的饮料范围内。"先生，这可是全世界最有名的矿泉水呢。"客人一听，觉得不能在朋友面前丢了面子，便问了一句："那么哪种更好呢？""那当然是冒气的那种好了！"小李越说越来劲。"那就来10瓶冒气的法国矿泉水吧。"客人无从选择地接受了小李的推销。

客人们在主人的盛情下美餐一顿……最后，当主人结账时一看账单，不觉大吃一惊，原来一千四百多元的总账中,10瓶矿泉水竟占了350元。他不满地嘟囔一句:“矿泉水这么贵呀!”、“那是世界上最好的法国名牌矿泉水,卖35元一瓶,是因为进价就要18元呢。”收银员解释说。“原来如此,不过刚才服务员可没告诉我价格呀。”客人显然很不满意,付完账后便很快离去。

◆ 案例4

某美容品工厂张厂长接待了一位前来投诉的李先生。李先生怒气冲冲地对张厂长说:

“你们的美容霜,干脆叫做毁容霜算了,我18岁的女儿用了你们的青春美容霜后面容被毁,现在连门都不敢出,我要你们负责,赔偿我们的损失!”张厂长听后,稍加思索也明白了几分,便诚恳地道歉:“实在对不起您和您的千金。现在当务之急是送小姐去医院诊治,其他的事我们回头再说。”李先生眼看张厂长的认真和焦急劲,心存感激,便在张厂长的陪同下带女儿上医院皮肤科检查。检查结果表明李小姐脸上的包是因为其皮肤自带一种遗传性的过敏质,而非美容霜有毒所致。正当父女俩人逐渐释怀时,张厂长趁势又说:“虽然我们的美容霜并没有毒,但造成您女儿的不幸我们也有责任。因为她在购买时,售货员肯定忘了询问是否皮肤过敏,也没叮嘱顾客注意说明书上的提醒,致使您女儿误用了这种产品。”

李小姐听后赶紧查看说明书,心中不禁懊丧。张厂长把握良机,又安慰道:“请放心,最近我厂跟皮肤专家合作研制专供过敏性人士使用的护肤品,效果都很好,等您痊愈后我派人送两瓶给您试用一下,保证不会再有过敏反应,也算是我们对今天误会的补偿。”

□ **训练2:接待口才情境模拟演练与体验**

请分角色扮演模拟演练与体验下列的接待口才情境。

◆ 演练与体验1

你在家,有人敲门。请模拟演练你将如何与敲门者对话。

——敲门的客人不是自己的同学或朋友,而是找你爸爸、妈妈的叔叔或阿姨。

——敲门的客人不是自己的同学或朋友,而是一位陌生人,家里又只有你一个人。

——客人来时,还带了一位和你同龄的孩子。

◆ 演练与体验2

假如你是一名刚刚入学的大学生,你所在院系的领导要到你的寝室看望并慰问。

◆ 演练与体验3

有个无赖去商场买衣服。开始,他拿了一件黑色的,试了试,又放回原处;然后,又拿了一件白色的,穿在身上就往外走。服务员连忙拦住他,他却理直气壮地说:“这件不是买的,是用黑色的换的,所以不用付钱。”服务员说:“那你就付那件黑色衣服的钱。”无赖说:“可我没要那件黑色的,我为什么要付钱?”

如果你是该商场的服务员,你应该怎样接待并反驳这个人?

◆ 演练与体验4

小王是某公司李总经理的秘书。今天下午两点,A公司的赵经理将来公司拜访李经理,李经理请小王迎送客人。

小王于13：55来到公司前台处等候赵经理，14：00赵经理准时到达。小王和赵经理互相做了自我介绍，然后小王引导赵经理来到李经理的办公室，途中乘坐了一部电梯，上了一段楼梯，走过一段走廊，到达李经理办公室。见到李经理，小王给李经理和赵经理做了介绍，双方致意之后，小王请客人坐下，并给客人端上茶水。交谈5分钟之后李经理突然有要事外出，客人起身告辞，李经理请小王送客。

请同学们模拟演练小王在办公室接待客人的全过程，注意接待语言的使用。

◆ *演练与体验5*

小张是某公司高经理的秘书。今天，小张在前台接待处值班。14：00，有位客人来找高经理。该客人是B公司的白经理，他与高经理约好14：10见面。小张打电话获得高经理的允许之后，为白经理指示了去办公室的路线。

14：10的时候，C公司的刘先生也来找高经理。刘先生事先并未与高经理预约，小张问明刘先生的身份和前来的目的之后，打电话向高经理进行了汇报，高经理请刘先生等待。

小张请刘先生坐下，并为刘先生倒了水，拿了杂志。5分钟之后，B公司的白经理离开，高经理打电话给小张，示意刘先生进去会谈。小张也给刘先生指示了去高经理办公室的路线。

请模拟演练小王在前台接待客人的全过程，注意接待语言的使用。

◆ *演练与体验6*

小田是某公司李总经理的秘书，该公司每年生产的大部分产品都销售给了外地的B公司。今天，李总经理告诉小田，B公司人力资源部的赵经理及两位下属（均为男性）乘坐的飞机将于6月22日14：10到达本地。他们准备参加6月24日早上9:00在本地召开的一个学术会议，会议提供免费的午餐，并将于17：00结束。他们计划当天晚上乘坐20：30的飞机离开本地。李总经理请小王帮助安排接待事宜。

小王根据客人的情况，结合本地区和本单位的具体情况，写出了详细的接待计划书（包括详细日程中的各项礼仪要点，例如，何时接站，接站的时候用什么车，谁去接，座次怎么安排；每顿饭吃什么，谁去吃，座次怎么安排；请客人去哪里会谈、参观或游览等）。

请同学们分角色进行接待情境演练，注意不同环节接待语言的使用。

口才金言

说话周到比雄辩好，措辞适当比恭维好。

——培根

实践情境15

电话交流

实践提示

在社交实践中,电话作为一种方便、快捷、经济、实用的现代化通信工具,越来越发挥着无可替代的重要作用,很难想象,在今天如果没有电话,人们的社交活动又会是一种什么状态。更重要的是,在社交实践中,电话不仅仅是一种沟通信息的工具,更是一种塑造形象的媒介,人们通过电话交流来塑造个人形象和组织形象,就像一位外国推销员所说:“尽管客户看不到我,但是他可以从电话里听出我的形象。”所以说,电话交流是一门技术,也是一门艺术。我们只有掌握并运用好电话交流技巧,才能更加有效地提高办事的效率。

实例点击

小王的电话应答

销售部张经理要结婚了,为了不影响公司的工作,在征得上司的同意后,她请自己最好的朋友小王暂时代理她的工作,时间为一个月。小王刚毕业,比较单纯,张经理把工作交代给她,并鼓励她努力干,准备在蜜月回来后推荐小王顶替自己。

一天,小王正在忙着打字,“丁零零……”电话铃响了,她不耐烦地拿起了电话听筒。

来电者:“是××公司吗?”

小王:“是。”

来电者:“你们经理在吗?”

小王:“不在。”

来电者:“你们是生产塑胶手套的吗?”

小王:“是。”

来电者:“你们的塑胶手套多少钱一打?”

小王:“××元。”

来电者:“××元一打行不行?”

小王:“不行的。”说完,她“啪”地挂断了电话。

分小组讨论:你如何看待小王的这次电话应答?

【5分钟后分别请几个小组的同学代表到台上来陈述自己小组的见解。】

实践方法指导

一、电话交流的基本要求

1. 用语礼貌

使用文雅礼貌的语言是尊重通话对象的直接体现，也是个人修养的基本功。无论是呼入还是呼出电话，常用的礼貌用语通常包括您、您好、请、请问、请教、请问您还有其他需要吗、谢谢、感谢、十分感谢、多谢、谢谢贵公司的信任、对不起、非常抱歉、打扰了、麻烦您一下、实在不好意思、不客气、请别介意等。要杜绝接电话时以“喂，喂”或“你找谁呀”作为“见面礼”，特别是不允许一张嘴就毫不客气地查对方的“户口”，一个劲儿地问人家“你找谁”、“你是谁”、“有什么事儿呀？”等。

参考案例

电话销售人员：您好，××公司，请问有什么可以帮助您？

客户：我想咨询一下你们的产品！

电话销售人员：请问怎样称呼您？

客户：我姓刘。

电话销售人员：刘女士您好，请问您要咨询哪一类产品？

客户：是关于电话销售系统方面的产品。

电话销售人员：请问您是想了解单机版的，还是多机版的？

客户：单机版。

电话销售人员：好的，单机版的现在正在搞促销，价格是500元。您需要马上装吗？

客户：怎么装呢？

电话销售人员：刘女士，请别着急，程序非常简单，我们会有专业人员给您指导的。要不然，我10分钟之后叫他给您回一个电话好吗？

客户：好的。

电话销售人员：非常感谢您的来电，同时也非常感谢您对我工作的支持。谢谢！

2. 表达自然

首先是要求使用国家明确规定推广的普通话，力求语音标准，吐词清晰，用词规范，表达准确。同时，为了达到良好的通话效果，通话中要注意语音、语调、语气等方面问题，力求语调自然，语气温婉，就像培根所说：“和蔼可亲的态度是永远的介绍信。”另外，通话中注意让话筒与嘴部保持2～3厘米的距离，能帮助保持适度的音量。

3. 面带微笑

面带微笑虽然不是对语言的直接要求,但能够直接影响有声语言的声音色彩及情感表达。接打电话时,即使看不见对方,也不要忘记自己的笑容。即使在彼此看不见的电话中打躬作揖地向对方道歉,对方也会感觉到你的诚意。

4. 认真聆听

通话过程中不可敷衍应付,更不可以对着话筒打哈欠、吃东西,或是同时与其他人闲聊,那样会让对方感到自己在受话人的心中无足轻重。一定要认真聆听对方的讲话,例如,电话一方要弄清来电话的目的、内容;如果对方要找的人不在,则切忌只说"不在"就把电话挂了,要尽可能问清事由,委婉地探求对方来电目的,如果自己无法处理,则也应当认真记录下来,避免误事,这样还可以赢得对方的好感。

5. 遵守公德

在公共场所,要尽可能地不使用手机。在重要场所,应当自觉地关闭手机,或将铃声改为"振动",并尽可能地不接听电话,要接听也要到无人之处,压低音量,切勿当众高声喧哗,以影响他人。特别是在参加会议、宴会,观看电影、演出,前往图书馆,参观各类展览时,尤其要注意这点。另外,在自己开车或对方开车时不要接打电话,不要在病房、飞机、油库等地方使用手机,以免信号干扰影响医疗器械的使用、干扰飞机的飞行、引发爆炸等。

二、接听电话的程序与口才技巧

1. 及时接听

一般来说,在办公室里,电话铃响三遍之前就应当接听,三遍过后最好道歉:"对不起,让您久等了。"如果受话人正在做一件要紧的事情不能及时接听,代接的人应当妥为解释。尽快接听电话会给对方留下好印象,让对方觉得自己被看重。

2. 自我介绍

通话开始要问候对方,接听者要自报家门。如果是在单位接电话,要报出单位或部门的名称、接听者的名字以及职务,比如"这里是××单位,××部门,我是部门经理×××。"或者"您好,××旅行社。"如果需要,还可表达愿意为对方效劳,如"您好! ××电器总服务台。很高兴为您服务。"、"您好! 这里是××公司××部(室),请问您找哪位?"或"您有什么需要帮忙的?"等。

3. 确认对方

对方打来电话,一般会自己主动介绍。如果没有介绍,接电话方可以适当询问一下:"我是××单位,您是哪位?"、"请问您要找谁?"以便于在转接中告诉同事是谁找。如果对方不愿意告知,接听方不能一味地询问:"你叫什么名字?"、"你是哪个单位的?"、"你找他是公事还是私事?"这些做法是极不礼貌的。

参考案例

“请问，李先生在吗？”李先生的爱人听到电话里一个年轻女士的声音找自己的爱人，立刻提高了警觉：“你是谁啊？哪个单位的？你找他有什么事吗？你怎么知道我们家电话的？”打电话的女士一听对方爱人刨根问底地询问，而且觉得这种问话方式简直是在污辱自己，她马上说：“没什么事，不用找了！”

如果是对方打错了电话，则不能发脾气，冲话筒嚷嚷“干什么？你找错了”，然后把电话听筒一摔。接到打错的电话，首先应该仔细听清对方要找什么单位和什么人。如果确实打错了，则应该询问对方要打的是什么号码，然后把自己的电话号码告诉对方，例如，“对不起，王先生，这里是私人住址，不是您要联系的公司，您拨错了。”如果对方道了歉，则不要忘了以“没关系”来回应对方，例如，“您打错号码了，我是××公司××部(室)，……没关系。”

参考案例

——喂！你好！

——王玲？对不起，我们家没有叫王玲的。

——你要找的王玲家的电话号码是多少？

——噢！你确实打错电话了，我们这儿的电话号码是××××××××。你再拨一遍试试吧！

4. 主动代转

如果接听电话以后，发现自己不是受话人，则应当负起代为转接的责任。万一要找的人正忙着，你应该重新拿起电话告诉对方：“请你等一下，他马上就来。”要是找的人不在，不能把电话一挂了事，而是耐心询问对方姓名和电话号码，询问是否需要转告，并在征得同意后详细记录下来。如“×××同志不在，我可以替您转告吗？”、“对不起，这类业务请您向×××部(室)咨询，他们的号码是……”等。

替人转接电话，确认对方姓名时，尽量要用褒义词语，不要脱口而出用习惯用语去确认对方的姓名，比如“您姓孙，是孙子的孙吗？”、“您姓冷，是冷漠的冷吗？”诸如此类的语言，会让对方听了感到不快。另外，很多人在拿着话筒时通常会比较注意自己的语言，放下电话找人时，往往忘了对方也能听见，变得随心所欲，如说“是个男的”、“一个有外地口音的人”、“一个声音挺娇的小姑娘”这样的话。当对方在电话里听到这些形容方式时会感到不愉快，因此转接电话时拿着话筒和放下话筒要一个样，同样要用客气的方式叫人，或应该用手捂上话筒，注意隔音。

5. 详细记录

如果对方要找的人不在，则要尽量做好电话记录工作。记录内容包括什么人、什么时间打的电话、大概是要说什么事(如果对方不愿意说事由,则不必强问)、对方有什么要求(如“看到字条马上回电话”等)。通常很多人在转接电话时不予记录或记录得非常简单,只有一个姓和一个电话号码,这样如果对方要找的人工作繁忙的话,则这种电话可能得不到及时回复。

6. 认真复述

通话时,为了避免失误,一部分信息要注意复述,以便得到对方的确认,包括对方的电话号码,对方约定的时间地点,对方谈妥的产品数量和种类,对方的解决方案,双方认同的地方,以及仍然存在分歧的地方等相关重要的事项。确认时,可以这样说:“王总,请允许我将您留下的电话号码再说一遍,好吗?”

7. 委婉再见

电话交流一般由发话人先结束谈话,可以说“希望我们合作愉快!”、“希望我们有新的合作机会! 再见!”等。主动结束通话时,一般应当征求对方意见,如说“就谈到这里,好吗?”、“您看,这样行吗?”,得到对方认可后轻缓地挂上电话。如果电话来得不是时候,自己手里正有事忙着,而对方谈兴甚浓,一时还不想挂断电话,可以委婉地告诉对方:“真想和你多谈谈,可现在有件急事要处理,明天我打电话给你好吗?”

参考案例

德国贝尔上海公司,对员工的培训也包括接电话的方式一项,他们发现很多新员工接电话的方式很直接,习惯简单地回答客户的问题。曾经有用户打电话来问,是否有S3104 的材料。咨询的结果只有两个字“没有”。而注意接电话艺术的人的回话永远不是只有一句,尤其是对时间、地点、数量都量化得非常精确。

“对不起,S3104 的材料昨天刚好用完,现在还有两个替代品:S3101 和 S3102,可以吗?”“不行,我只需要 3104。”“噢,这样呀? 那么最近的库存在南京还有 3500 只,我们正发调拨,大概下个礼拜二可以拿到。”“我很着急,这个礼拜能不能拿到?”“那这样,今天下午 4 点钟我给您回话,紧急调拨南京 1500 只,这个礼拜六早上先让您拿到,必要的时候我们看看能不能够在礼拜五的下班前让您拿到,您看怎么样?”听到这样的回答,相信对方一定会很高兴地说声“谢谢”。

三、拨打电话的程序与口才技巧

1. 选择恰当时间

一般情况下,有三个时段不宜打电话给他人:工作日早上 7 点以前及节假日 9 点以前,三餐时间,晚上 10 点以后。办公电话宜在上班时间 10 分钟以后和下班时间 10 分钟以前拨打。在对方吃饭与休息时打电话是一种很不礼貌的行为,除非是确有紧急要事。

2. 做好通话准备

做好打电话前的准备，如通话内容、相关资料、记录本等。提前想好谈话要点，列出提纲。一般情况下要思考："我的电话要打给谁?"、"我打电话的目的是什么?"、"我要说明几件事情? 它们之间的联系怎样?"、"我应该选择怎样的表达方式?"等。

3. 主动自我介绍

拨通电话，应当主动而恭敬地以"您好!"为开头问候，不要一上来就"喂"对方。接下来应当自报家门，并证实一下对方的身份。可以先说自己是谁，或报出自己的单位、部门名称。如果要找的人不在，则可以请求接电话者帮助转告，如说"对不起，麻烦您转告……"如果对方允诺转告，则不要忘了向对方道谢，并问清对方的姓名。如果不慎拨错了电话，应该向对方表示歉意。

4. 简要陈述事实

电话谈话的时间有限，电话接通后，陈述事实要简洁，说明要点要有条理，即用最少的语言交代清楚内容，通常可以使用"5W1H"法：Who(找谁)、What(什么事)、When(什么时候)、Where(什么地方)、Why(为什么)、How(怎么样)。如："喂，您好，我找黄主任……黄主任，您好。我是政法系学生会主席××。我系于2012年12月30日晚5:30在系礼堂召开元旦晚会。我代表政法系全体学生想邀请您参加，请问您当天晚上有时间吗?"

【关键提示】

打电话的时间一般以3～5分钟为宜，如果一次电话要用5分钟以上，就应当先说出你要办的事，并询问一下："您现在和我谈话方便吗?"假如这时不方便，就和对方另约一个时间再谈。

5. 进行必要重复

由于线路干扰、语音失真、时间限制、距离远近等因素的存在，电话交谈的准确性或多或少都会受到一些影响，这就需要打电话的人表达一定要准确，同时要提醒对方做记录。涉及人名、街道、地名的要讲清楚如何写，防止同音混淆；数字、电话号码等一定要复述一遍，并询问对方是否都记清楚了。

6. 礼貌结束通话

结束通话一般由打电话的一方提出，结束通话前，应当礼貌地说"再见"或其他道谢的话语，因为这些一般是通话结束的信号，也是对对方的尊重。要注意说话的声音给人愉快的感觉。挂机时先将听筒耳机一头朝下，按住叉簧，切断通话，再轻轻放下话筒一端。

参考案例

昨天早上在路边听到一个人在打手机，"好的好的，就这么说了，OK，我先挂了。"我心想：唉! 又有人"挂了"! "挂了"在有些语言环境里还有另外的意思，比如没了、不行了、完蛋了、失败了，或者说over了。

记得最早人们通话结束说“再见”,后来学了英语说“拜拜”,现在好像“挂了”很流行,所以经常在电话里有这样令人啼笑皆非的结束语:“我先挂了”、“你先挂”、“你挂了我再挂”、“要不咱俩一块儿挂”。

这种电话用语一旦养成习惯就不好改。我们可能不在意,但有人会在意,客户可能会在意,特别是在春节等中国的传统节日里,“挂了”的电话结束语更显得缺乏礼节。

【小链接】

生活中的特殊电话号码

特殊电话号码是电信部门为方便服务大众而设立的电话号码,世界各国家地区也都设有特殊电话号码。在中国“11”开头赋予特种服务号码,如匪警110、火警119等;“12”开头赋予民用特殊号码,如医院急救120、天气预报121等。拨打紧急电话时,要快速、准确,要在最短时间内把情况讲清楚,如事故地点,街道名称,事故发生的详细地址,呼救人的姓名、身份、联系方式等。

四、特殊情况的电话应对技巧

1. 听不清楚对方的话语

当对方讲话听不清楚时,进行反问并不失礼,但必须方法得当。如果惊奇地反问:“咦?”或怀疑地回答:“哦?”对方就会觉得无端地招人怀疑、不被信任,从而非常愤怒,连带对你印象不佳。但如果客客气气地反问:“对不起,刚才没有听清楚,请再说一遍好吗?”对方就会耐心地重复一遍,丝毫不会责怪。

2. 遇到自己不知道的事

有时候,对方在电话中一个劲儿地谈自己不知道的事,而且像竹筒倒豆子一样,没完没了。碰到这种情况,应当尽快理清头绪,了解对方真实意图,避免被动,如要适时地说:“关于××事呀!很抱歉,我不清楚,负责人才知道,请稍等,我让他来接电话。”

3. 接到领导亲友的电话

领导对部下的评价常常会受到其亲友印象的影响。打到公司来的电话,并不局限于工作关系。领导的亲朋好友,常打来与工作无直接关系的电话。他们对你在电话中的印象,会在很大的程度上左右领导对你的评价,所以此时要注意自己在电话中的言谈要得体。

4. 接到顾客索赔的电话

索赔的客户也许会暴跳如雷、牢骚满腹,此时正确的做法是,处之泰然,洗耳恭听,让客户诉说不满,并耐心等待客户心静气消,其间切勿说:“但是”、“话虽如此,不过……”之类的话进行申辩,应当一边肯定顾客话中的合理成分,一边认真琢磨对方发火的根由,找到正确的解决方法,用肺腑之言感动客户,取得客户的谅解。

参考案例

某电气公司售后部的徐小姐接到了一位高女士的投诉电话。高女士怒气冲冲地在电话中吼道："你们的电压力锅，干脆叫杀人锅得了，刚做第一顿饭，就爆炸了，把我家的厨房玻璃都炸碎了，我的手也受伤了，我要你们负责，赔偿我的损失！"

徐小姐听后，稍加思索便诚恳地道歉："是吗？实在对不起您。现在当务之急是送您去医院诊治，我会立刻通知我们的工作人员，到您的家中进行查看维修，如果确实是我们的生产质量问题，我们会赔偿您的全部损失。请您放心。"

听了电话这边徐小姐真诚的道歉和耐心地解释，高女士放下了电话。

【小链接】

电话溯源

电话起源于欧洲。

1793 年，法国查佩兄弟俩在巴黎和里尔之间架设了一条 230 千米长的接力方式传送信息的托架式线路。当时，法国和奥地利正在作战，信号系统只用一个小时就把从奥地利军队手中夺取埃斯河畔孔代的胜利消息传到巴黎。以后，比利时、荷兰、意大利、德国及俄国等国家也先后建立了这样的通信系统。

欧洲对于远距离传送声音的研究始于 17 世纪。英国著名的物理学家和化学家罗伯特·胡克首先提出了远距离传送话音的建议。而在 1796 年，休斯提出了用话筒接力传送语音信息的办法，并且把这种通信方式称为"Telephone"，一直沿用至今。

"电话"是日本人造的汉语词，用来意译英文的 Telephone。当初中国人对这个英文词采取了音译，译作"德律风"。在一段时期内，"电话"和"德律风"两种叫法通用。后来，"电话"这种叫法取代了"德律风"。18 世纪初，一群在日本的绍兴籍留学生曾联名给家乡写回一封长信，其中详细介绍了日本的近代化情形，鲁迅也列名其中。信中说到"电话"时，特意注释道："以电器传达言语，中国人译为'德律风'，不如'电话'之切。"所以，以后就叫"电话"了。

实践强化训练

□ 训练 1：电话交流口才情境案例分析与讨论

请分析与讨论下列电话交流口才情境案例中交流者的"得"或"失"。

◆ **案例 1**

小马：请问王老师在吗？

王老师：我是王老师，请问您是哪位？

小马：王老师，您猜呢？

王老师：是李华吗？

小马：不是！

王老师：是刘霞吗？

小马：不是！老师您都忘了我的声音了。

……

◆ **案例** 2

王先生和刘小姐在同一个办公室办公，接电话的是刘小姐。

实况 A：

“哦，您找王先生啊，他那个事情不归我管。”

实况 B：

“哦，你找王先生啊，他现在刚好不在，但是，我们两个人是同一个部门的，他的东西我多少知道点儿，你说说看，我帮不帮得上忙。”结果对方一讲还真的不知道，“哎呀，这件事情我真的不晓得，对不起，王先生马上回来，我会告诉他，你留下电话，我会叫他打给你。”

◆ **案例** 3

某公司推销员给某公司负责人打电话。

“你好，李先生。我叫田志，是某公司的推销员。”

“我姓周，不姓李。”

“噢，对不起。我没听清楚您的秘书说您姓李还是姓周。我想向您介绍一下我们公司的多色复印机……”

◆ **案例** 4

钱秘书接起电话。

“钱秘书，我是广东钟表制造公司的推销员，今天冒昧打搅，想向您介绍我公司最近研制成功的一种考勤打卡钟，它的特点是准确、精巧，尤其是质量可靠，在广东试销时返修率不到万分之一。价格也比进口的同类产品便宜 30%，很适合像你们这样的商业单位使用。我打算明天上午 10 点或下午 4 点去贵公司拜访您，好吗？”

第二天，钱秘书约见了这位推销员，也成功地谈成了这笔交易。

◆ **案例** 5

“丁零零……”A 公司某部门刘先生迅速拿起电话。“喂，您好，这里是 A 公司 ×× 部。”一位先生要找 A 公司，但拿起电话却顺嘴说成了 B 公司。刘先生一听对方要找的是自己的竞争对手，马上说：“你打错了！”“啪”的一下就挂断了电话。这位先生回过神来，觉得心里很不舒服。他以前也跟接电话的刘先生联系过几次，没想到对方的温文尔雅都是装出来的，他再也不想和对方合作了。

◆ **案例** 6

一位市民看到一种社会不良现象，她给有关部门打电话。刚说两句，对方就打断说：“小姐，这事不归我们管，你找别的部门试试。”“你还没听我说完，怎么就知道不归你们管呀？”“我说的肯定没错，你再给其他部门打打试试。”“你们这也不管，那也不管，都管些什么呀？”市民的热心受到了伤害，她一下子生气了。

◆ **案例** 7

下面是电影《手机》中的一个片段。

严守一的手机响了。

严守一看了一眼，手机的屏幕显示出武月的名字，他犹豫一下，还是接了。

手机里传出武月的声音：你躲什么呀？有那么忙吗？吃不了你……

严守一在装傻：说话呀……听不见……你大声点……我说话你能听见吗？我在火车上，回老家！喂……

对方把电话挂了。

费墨点着严守一：演得真像。我都听见了，你听不见。

严守一看着费墨：费老，做人要厚道。

◆ **案例8**

某人拨打119求助救火的电话，大致内容如下：

"喂，119呀？"

"对。"

"哦，我要报告救火。我们那块儿着火了，可大了，我要求救火，你们快点来吧。"

"您别急，请说清楚哪着火了。"

"你这人，着火了，能不急吗？换您家，您试试？"

"您误解了，我是说请您说清楚着火的具体地点。哪个乡，哪个村，哪条街？"

"乡，我不知道；村，是小河前边那个村；街，着火那个地方没有街，是一个大院儿，你们看着找吧！"

"哎，您身边还有别人吗？"

"别人？谁没事在这待着，都去救火了……"

□ 训练2：电话交流口才情境模拟演练与体验

请分角色扮演模拟演练与体验下列的电话交流口才情境。

◆ **演练与体验1**

请根据下面的提示语，虚拟具体情境，将接打电话时的礼貌用语填出，并模拟演练。

(1) 电话铃响，首问语为：____________________

(2) 帮来电者找其他人，或者要请对方等待时，应说：____________________

(3) 让对方长时间等待之后，继续通话之前应说：____________________

(4) 转接电话时应说：____________________

(5) 对方要找的人不在，应当说：____________________

(6) 如果对方有留言，应当准确记录，结束通话前与对方再次核对要点，向对方承诺：____________________

◆ **演练与体验2**

毕业生小徐前几天在学校"大学生就业网"上看到了一则××公司的招聘信息，小徐觉得单位的基本条件不错，为了获得更大的录取机会，小徐决定直接与单位人事部门通一次电话，进行一次电话自荐。假设你是小徐，你将如何进行这次电话自荐？请与同学模拟演练。

◆ **演练与体验3**

早晨公交车上，因为堵车要迟到了，小张要打一个电话向公司说明一下情况。假设你是小张，你将如何打这个电话？请与同学模拟演练。

◆ **演练与体验4**

小王是某公司李总经理的秘书。今天，小王在前台接待处值班。下午2:00有位客人来找李总，该客人是 A 公司的白经理，他与李经理约好 2：10 见面。小王打电话获得李总的允许之后，为白经理指示了路线。

2：10 的时候，B 公司的刘先生也来找李总。刘先生并未与李总预约，小王问明刘先生的身份和前来的目的之后，打电话向李总进行了汇报，李总请刘先生等待。

小王请刘先生坐下，为刘先生倒了水，拿了杂志。5 分钟之后，A 公司的白经理离开，李总打电话给小王，示意刘先生进去会谈。小王也给刘先生指示了去李总办公室的路线。

请根据背景材料，模拟演练小王打电话的情景。

◆ *演练与体验 5*

××公司矿泉水送水员需要给××办事处送桶装矿泉水五桶，为了确保万无一失，在出发前先给××办事处打电话进行沟通，恰好办事员王丽接起了电话……

请以小组为单位展开想象和联想，设置情境，进行模拟演练。

◆ *演练与体验 6*

生物化学学院大一的学生正在操场上进行军训，忽然女生小宁晕倒在地，你作为班长在现场，需要在第一时间打电话向医务所求救，并将这一突发事件向年级辅导员进行汇报。

请根据背景材料，与同学模拟演练。

口才金言

有效的沟通取决于沟通者对议题的充分掌握，而非措辞的甜美。

——葛洛夫

即兴演讲

实践提示

即兴演讲是一种与拟稿演讲相对而言的演讲，是指演讲者在事先无准备的情况下就眼前场面、情境、事物、人物临时起兴发表的讲说，如婚礼祝辞、欢迎致辞、聚会演讲等。随着生活节奏的加快，即兴演讲已经渗透到社会生活各个领域，受到人们的普遍欢迎。可是在现实工作中，为什么有的人提起笔来洋洋洒洒，笔下生辉，说起话来却期期艾艾，不知所云；为什么有的人博古通今，学富五车，与人交谈起来却反应迟钝，言不及义；为什么有的人运筹帷幄，决胜千里，发言却结结巴巴，词不达意？因为即兴演讲要求演讲者紧扣主题，抓住由头，迅速组合，言简意赅。如果没有即兴演讲的技巧，临场往往无言以对，手足无措。

实例点击

别致的婚礼献词

王刚大学毕业后不久，到一家公司工作。适逢同一办公室的同事张海泉办喜事。在喜宴上，当主持人要求新郎的同事献词时，大家将王刚推上了舞台。面对这样一个喜庆的场面，王刚说："朋友们，新郎的名字叫海泉，新娘的名字叫涛。"海"、"泉"、"涛"、"三个字都与水有关，所以我们可以说，两位新人的名字就蕴涵着一种缘分。此外，水还孕育了生命，蕴涵着生机，凡是有水的地方都会呈现出一派蓬勃的景象。这两个名字的结合，预示着他们的爱情会像大海一样的深厚与深沉，预示着他们的婚姻会像泉水一样的清澈与甘甜；预示着他们的家庭会永远充满着生机与欢乐！"

分小组讨论：王刚的这段即兴发挥的婚礼献词效果如何？

【5分钟后分别请几个小组的同学代表到台上来陈述自己小组的见解。】

实践方法指导

一、即兴演讲的实施基础

1. 稳定心态，选择话题

参加社交活动，演讲者不要怕被迫上台，不要被紧张情绪控制，要尽快熟悉现场，及时收集捕捉现场的所见所闻，包括现场环境（时间、地点、场景布置）、听众、争论的焦点、其他演讲者的演讲等，以便快速确定自己的话题，增加演讲的即兴因素，避免因措手不及而陷入难堪的境地，同时要注意在什么时间、什么场合、对谁讲话，要话语中肯，言之有物。

参考案例

1915 年，科罗拉多州煤铁公司的矿工为了要求改善待遇，进行了罢工，因为公司方面处置不善，这次罢工又演变成了流血的惨剧，劳资双方都走了极端。这次罢工，持续了两年之久，成为美国工业史上一次有名的大罢工。那时管理矿务的人，就是美国石油大王洛克菲勒的儿子。这位小洛克菲勒，最初使用高压手段，请出军队来镇压，闹成了流血渗剧，不仅没有解决问题，反而使罢工的时间延长下去，使他的财产受到了更大的损失。

后来，小洛克菲洛改变方法，用了柔和的手段，把罢工的事情暂时放之不谈，特地去和工人为友，到各个工人的家中去慰问，对罢工运动的代表们作了一次十分中肯的现场即兴演说。他说："在我的有生之年，今天恐怕要算是一个最值得纪念的日子。我十分荣幸，因为我能够和诸位认识，如果我们今天的聚会是在两个星期之前，那么，我站在这里就会是一个陌生人了；因为我对于诸位面孔的认识还只是极少数。我有机会到南煤区的各个帐篷里去看了一遍，和诸位代表都作了一次私人的个别谈话；我看过了诸位的家庭，会见了诸位的妻儿老幼，大家对我都十分的客气，完全把我看做自己人一般。所以，今天我们在这里相见，我们已经不是陌生人而是朋友了。现在，我们不妨本着相互的友谊，共同来讨论一下我们大家的利益，这是使人感到十分高兴的。参加这个会，是厂方的职员和工人的代表，现在蒙诸位的厚爱，我才能在这里和诸位相见并努力化除一切矛盾，彼此成为好友，这种伟大的友谊，我是终生不会忘掉的。我们大家的事业和前途，从此更是展开无限的光明。在我个人，今天虽然是代表着公司方面的董事会，可是，我和诸位并不站在对立的地位，我觉得我们大家都是有着密切的关系和友谊的。和我们彼此有关的生活问题，现在我很愿意提出来和大家讨论一下，让我们一起从长计议，获得一个双方都能兼顾到的圆满的解决办法，因为，这是对大家有利的事……"

小洛克菲勒的讲话，虽没有华丽的辞藻，但话语中肯，引起了矿工广泛的共鸣，立刻脱离了困境。

2. 围绕话题，组合材料

著名演讲家戴尔·卡耐基说："抓住人心的捷径，在于以对方最关心的问题为话题。"演讲者确立了话题，就要抓住不放；进而紧扣话题精心组织材料进行论证。即兴演讲无法在事先做充分准备，完全依靠即兴抓取材料。演讲的话题来源是丰富多彩的，可以是平时的知识积累，也可以是眼前的人和事。事实证明，临场选择与演讲主题一致，选取为听众所熟悉、容易理解的人物、事件等材料可以提高听众对客观事物的敏锐感应力，紧紧抓住听众的注意力，使即兴演讲取得旗开得胜的效果。

3. 情感充沛,以情夺人

即兴演讲应当有感而发,有兴才说。要使听众激动,与演讲者产生共鸣,演讲者自己首先要充满激情。只有演讲者动了真情,以真情来表达,才能够做到喜怒哀乐分明,语言绘声绘色,从而感染听众、打动听众,达到交流情感的目的。无病呻吟的演讲、没有真情实感的演讲,会使听众生厌的。

参考案例

1860 年 11 月,林肯当选为美国第 16 任总统。次年 2 月 11 日,他在车站面对斯普林菲尔德热烈送行的群众,触景生情,发表了满怀激情、迎接未来的告别演讲。

朋友们:任何一个人,不处在我的地位,就不能理解我在这次告别会上的忧伤心情。我的一切都归功于这个地方,归功于这里的人民的好意。我在这里已经生活了四分之一个世纪,从青年进入了老年。我的孩子们出生在这里,有一个孩子埋葬在这里。我现在要走了,不知道哪一天能回来,或者是不是还能回来。我面临着的任务比华盛顿当年担负的还要艰巨。没有始终伴随着华盛顿的帮助,我就不能获得成功。有了上帝的帮助,我决不会失败。相信上帝会和我同行,也会和你们同在,而且会永远是到处都在,让我们满怀信心地希望一切都会圆满。愿上帝保佑你们,就像我希望你们在祈祷中会请求上帝保佑我一样,我向你们亲切地告别。

4. 语言生动,形式灵活

即兴演讲要注意根据听众的知识结构和文化修养,选用不同风格的语言。例如,对一般群众的演讲可以选用朴素的语言,而对文化素养较高的听众则可以选用高雅的语言。这就要求演讲者平时要善于学习百姓生活中生动活泼的语言,吸收外国语言中有益的成分,学习古人语言中有生命的东西,多积累、常练习、勤运用。

5. 辅以态势语,增强表现力

演讲不仅需要言词声音,同时还需要辅助以动作表情。这种通过面部表情、体态、手势进行思想情感交流和信息传播的手段,称为态势语言,亦称体态语、无声语言。大家可能有这样的感受:听演讲要比听录音或听报告来劲得多,这是因为,演讲虽然是以有声语言为主,但优美得体的态势语对感情的表达也起着重要的辅助作用:它既可有效地提高口语表达的准确性,也能吸引听众注意力。因此,准确、适当地运用态势语言,是演讲者必须掌握的一项基本功。

参考案例

1936 年,《纽约时报》和"全国书籍出版者协会"共同举办了第一届全美书展。会上有一项活动是作家演讲,林语堂也在被邀之列。因为《生活的艺术》畅销,美国人对隐在书后面的林语堂有很多浪漫的想象,以为他是一个留着白胡子,长着硕大无比脑袋的神秘东方哲人。林语堂起初拒绝了,生怕会影响读者心目中的形象,同时又觉得好玩,不知道这些美国读者看到真人会做何反应。权衡再三,他还是答应了。林语堂穿了国内最普通的蓝缎袍子,走起路来衣袂飘动,还真有那么一股仙风道骨的味道。一上台,先不说话,四下打量,气势就出来了。台下哗啦啦一片掌声,东方式的风度让西装革履的美国人甚为倾倒。

接着,他不慌不忙地讲起中国人的人生哲学和生活态度。他没有拿稿子,句句是临场发挥,纯正的发音,地道的表达技巧,机智俏皮的口吻不时地赢得了热烈的掌声。大家正听得入神,他却猛地收起话匣子,“中国哲人的作风是,有话就说,说完就走!”他挥一挥衣袖,背着手踱起方步,飘然而去。在座的人面面相觑,半天没回过神来。过了好几分钟,身着华服的太太小姐们才匆匆忙忙拿着纸片跑出来,“我的问题还没问呢,林博士怎么就走了!”“我也是啊!”一片跺脚懊恼之声……

二、即兴演讲的基本特点

1. 临场性

有无演讲稿是拟稿演讲与即兴演讲的重要区别。即兴演讲大多只有几分钟的时间打腹稿,靠“临阵磨枪”就地取材,或展开联想,或借题发挥。

如1957年,周恩来总理访问尼泊尔。他在加德满都市民欢迎会上发表即兴讲话:“当我们站在这个广场上,同千千万万的尼泊尔人民在一起的时候,过去时代的珍贵的回忆就又涌现在我的眼前。虽然在我们两国之间横隔着世界上最高的喜马拉雅山,然而我们的人民却自古以来就保持着友好的往来……”这是用喜马拉雅山的自然阻隔来反衬尼中两国人民之间友谊之深厚,历史之悠久。结尾处,周总理又一次提到喜马拉雅山:“在我要结束我的讲话的时候,我祝中国和尼泊尔的友谊像连结着我们两国的喜马拉雅山那样巍峨永存!”这里,喜马拉雅山的巍峨高大、不可撼动,使它又成了友谊长存、牢不可破的象征。同一座山,在讲话的开头和结尾被赋予了不同的主观色彩,而且都十分贴切。

2. 敏捷性

即兴演讲是在特定的时空环境下临时发表的演讲,要求演讲者在很短的时间内根据眼前的特定场合、对象等,有的放矢地进行构思、组织材料来发表演讲。

如××市新闻工作者协会的一位领导一次出席××市企业报记者协会成立大会,大会是在某高校新建的宽敞的学术报告厅召开的。他发表了如下的即兴演讲:“我来参加会议,没有想到有这么好的会场,这个会场不要说××市企业记者协会成立大会,就是××市记者协会成立大会也可以在这里召开。没有想到会有这么多的企业记者、编辑参加这个大会,它说明企业报的同仁们是热爱自己的组织,支持这个组织的。没有想到今天摆在主席台上的杜鹃花这么美丽,鲜花盛开这标志着企业报记者协会也像杜鹃花一样兴旺发达……”利用眼前的人和事物,通过三个“没有想到”即兴缀连,别有情趣。

3．精炼性

即兴演讲大多是在一种激动的场合下进行的，贴近生活实际，没有人乐意听长篇大论，时间上一般控制在1～5分钟之内。即兴演讲不能像命题演讲那样讲究布局谋篇，但要结构清晰，亲切感人，详略得当，对答如流，具有思想性、趣味性、知识性，要有快节奏风格和一气呵成的气势，切忌冗长杂散，罗唆重复，离题万里。

4．综合性

即兴演讲是以口语表达为主，态势语言表达为辅的说话艺术。演讲的过程实际上是一个人知识积累、能力、素质的全面展示。如果把即兴演讲的结构比做一个宝塔，那么丰厚的知识积累便是塔底，认识、思维、组织语言能力便是塔身，语言的表达技巧是塔尖。塔尖必须有厚重的塔底、塔身作支撑，否则就会坍塌，三个层次缺一不可，只有相互配合、共同提高，即兴演讲才能锦上添花。

三、即兴演讲的常用开头技巧

1．直入式

直入式开头的方式是开门见山，言简意赅，单刀直入，直截了当接触演讲的主题。

如某人在兄妹团聚家庭晚会上即兴说："今天，我们兄弟姐妹老少三辈近二十人，在这里张灯结彩、喜气洋洋，在美满家庭的温馨气氛中，举行联欢晚会。首先，让我代表远在北国沈阳的全家向大家拜年，祝大家春节愉快，万事如意！"

这段开头语，几乎没有做任何铺垫，一开始就把演讲直接引入正题，给听众一种畅快淋漓的印象。

2．引用式

引用式开头的方式是适当引用格言、谚语、诗词名句、名人名言等，利用其思想深邃和语言优美的特点，让听众有回味、咀嚼的余地。

如唐卿斓在欢度三八妇女节的联谊会上即兴做了一次演讲，她在开头是这样说的："朋友们，列夫·托尔斯泰说过：'所有幸福的家庭都是一样的，所有不幸福的家庭都各有各的不幸。'是啊，我们女人哪个没经历过生活的艰辛坎坷！我也一样，我曾被命运捉弄过，险些自弃过，但现在的我毕竟站起来了，走出了雾雨迷蒙，走向了真实的人生。因为我坚信：冬，压不住春的萌动；路，是用脚踏出来的！女人不相信眼泪！"

唐卿斓的演讲引用了列夫·托尔斯泰的一句话，引出了演讲的主题"女人不相信眼泪"，显得贴切自然。

3．提问式

提问式开头的方式是通过提问来引发听众的兴趣，缩短演讲者与听众的心理距离。

如蓝芳秀在《一个农民的风采》的演讲中这样开头："朋友们，你们说，农民有风采吗？也许有人反感：农民？你是说那些'日出而作，日落而息'的庄稼人吗？风采？真可笑，他们有何风采可言？朋友，如果是这样，那你就大错特错了。在这里我给大家讲述一位农民的故事,他就是广西壮族自治区农民韦超然的故事。”

蓝芳秀通过提问来引发听众的兴趣,再经自问自答的形式来阐发自己的观点,给听众留下清晰的印象。

4. 故事式

故事式开头的方式是通过讲一个内容生动精彩、情节扣人心弦的故事,使听众对故事发展和人物命运深表关切,从而仔细听下去。

如一位学生在《奋斗与目标》的主题班会上即兴发言,她说:“同学们,大家好! 我先给大家讲个故事。在非洲的一片茂密的丛林中,走着四个皮包骨头的男子,他们扛着一只沉重的箱子,在密林里踉踉跄跄地往前走。他们跟随队长进入丛林探险,可是,队长却在任务即将完成时患急病而不幸长眠于林中了。临终前队长把他亲手制作的箱子托付给他们,并十分诚恳地说:‘如果你们能把这个箱子送到我的朋友手里,你们将得到比金子还贵重的东西。’埋葬了队长之后,他们便扛着箱子上路了。道路越来越难走,他们的力气也越来越小了,但他们仍然鼓着劲往前走着。终于有一天,绿色的屏障突然拉开,他们历经千辛万苦之后终于走出了丛林,找到了队长的朋友。可是那个朋友却说:‘我一无所知啊!’于是,打开箱子一看,竟是一堆无用的木头! 看起来,队长给他们的只是一箱无用的木头,其实,他却给了他们行动的目的,使他们获得了‘比金子还贵重的东西’——生命。从哲学角度上讲,人不同于其他动物之处,就在于人具有高级思维能力。所以人不能像其他动物一样浑浑噩噩地活着,人的行动必须有明确的目的和奋斗的目标……”

演讲者一上来就以生动的故事来吸引听众的注意力,故事讲完之后,演讲者引入了“奋斗与目标”这样一个即兴演讲的主题,由事而情,由情而理,显得十分顺畅。

5. 悬念式

悬念式开头的方式就是在演讲之初举一个触目惊心的事实来制造悬念,设计一种情境、一种氛围,吸引受众的注意力,然后在演讲的进程中揭示主题。

在一次电视主持人大赛的即兴演讲环节,一位参赛选手抽到的题目是《父爱》,他思考片刻,开始了演讲:“记得小时候,我和几个小伙伴在郊游时不小心把脚割破了,疼痛难忍。到医院包扎后,几个同学把我送回家。在家附近的巷口,我碰到了急匆匆外出的父亲,于是我一边跷着扎了绷带的脚给父亲看,一边哭丧着脸诉苦。不料父亲只是用眼睛看了看我,并没有给予安慰,简单交代了几句,便自己走了。面对同学们,我很伤心、很委屈,也很生气,我觉得父亲一点也不关心我。这时,有个同学笑着劝道:‘别生气,大部分老爹都这样,其实他很爱你,只是不善于表达罢了,不信你看,等一下你父亲走到前面拐弯的地方,一定会回头看你的。’我半信半疑,其他同学也很感兴趣,于是大家不约而同地停住了脚步,站在那儿注视着父亲远去的背影。父亲依然一步一步向前走去,好像没有什么东西会让他回头。……可是当他走到拐弯处,就在他侧身左拐的刹那,他回头朝我看了一眼。虽然这一切都只发生在一瞬间,但那动作却打动了在场所有的人,泪水模糊了我的双眼……很久以来,人们都在寻找一个代表父爱的动作,现在终于找到了,那就是——拐弯处的回头。它包含了多么浓烈、多么真挚的父爱啊……”

演讲者从自身的经历讲起,将自己受委屈的感受与同学的提示语“拐弯处的回头”紧密结合，为下文主题的揭示设置了悬念，引人入胜。

6. 自我介绍式

自我介绍式开头的方式就是先通过介绍自己，来缩短与听众的心理距离。

如某人在一次演讲比赛的即兴演讲环节抽到的题目是《时代需要推销自己》，他一上来就开始了“自我推销”式的介绍：“本人同陈独秀同姓，单字一个‘驹’，陈驹就是我，27岁，爱好书画、体育、音乐、文学。特长：新闻、机关应用文写作。如果在座的哪位领导需要秘书，或新闻单位需要记者，本人倒愿意一试。也许有的朋友要问：你是推销员吗？要不你就是在做征婚广告？都不是，我只是在告诉你：朋友，要利用一切机会，推销你自己！”

这样，不但加深了听众对演讲者的了解，而且顺便引出了演讲的主题，可谓是一举两得。

四、即兴演讲的常用结尾技巧

1. 总结式

总结式的结尾方式是即兴演讲中很常见的一种结尾方法，它通过概括演讲的内容和观点，能够留给听众一个清楚明晰的印象，强化演讲的感染力和说服力。

如某人在《相信自己，也要相信别人》的结尾说：“谁都不能夸口说自己是完美的，代表亘古不变的真理；但同时，也没有人一无是处，因此我们要相信自己，也要相信别人。在‘胸有成竹’时相信自己，在‘迷茫怅然’时相信别人，让二者相互配合，相互补充，我们才会拥有精彩的人生。”

2. 幽默式

“余音绕梁，三日不绝”是演讲结尾追求的最佳效果，幽默会使演讲结尾更富情趣。

我国著名作家老舍先生是好幽默的。他在某市的一次演讲中，开头即说“我今天给大家谈六个问题”，接着，他第一、第二、第三、第四、第五，井井有条地谈下去。谈完第五个问题，他发现离散会的时间不多了，于是他提高嗓门，一本正经地说：“第六，散会。”听众起初一愣，不久就欢快地鼓起掌来。老舍在这里运用的就是一种“平地起波澜”的造势艺术，打破了正常的演讲内容，从而出乎听众的意料，收到了幽默的效果。

3. 号召式

号召式的结尾方式常常以充满激情的语言，直接向听众提出希望，发出号召，激发听众行动的欲望。

如某人在《托起21世纪的太阳》主题研讨会上采用了号召式的结尾方法：“年轻的妈妈：我们是处在世纪之交的一代女性，责任是多么重大，在我们身上孕育着20世纪人类的希望，在我们手中正托着21世纪的太阳。年轻的妈妈们，让我们用博大的胸怀、高尚的人格来塑造自己，用崭新的母爱去培养孩子，为我们的民族创造美好的明天吧！”演讲者以富于鼓动性的语言号召年轻的妈妈勇于承担世纪之交培养孩子的重任，鼓舞了青年妈妈的士气，表明了演讲者论述这样一个主题的真正用意。

4．引用式

在结尾的方式中，也可引用古诗词、名言警句等，这样不仅使语言表达得精炼、生动、富有节奏和韵律，而且还可以使演讲的内容丰富充实，具有启发性和感染力。

如一名乡村女教师在一次县里组织的优秀青年教师经验交流会上即兴发言，她首先介绍了自己的工作经历，然后进一步述说自己在身患重病的情况下顽强工作的情况，在发言的结尾，她引用一首小诗来表明自己的心声，同时深化了主题。她说："尊敬的领导、老师们，我喜欢这样一首小诗：'当人梯——用我们的坚韧／让学生踩着我们的肩膀奔向新的征程／当园丁——用我们的勤恳／让科学的百花永远五彩缤纷／当春蚕——用我们的才能／让知识的绸缎从我们身上延伸／当蜡烛——用我们的忠诚／燃烧自己给人间带来光明。'"

5．祝福式

用祝贺或赞颂的言词结尾，能造成欢乐愉快、热情洋溢的气氛，使人在愉快中增加自豪感和荣誉感，激励人们满怀信心去创造未来。

如某连长在一次参加部队集体婚礼时，作即兴发言："……我代表大家送上三重祝愿：一愿你们夫妻恩爱，白头偕老。情有自由爱有属，愿你们一朝结下千种爱，百岁不移半寸心。在漫漫人生路上，相濡以沫、休戚与共、风雨同舟。二愿你们比翼齐飞，事业有成。愿你们做一对事业伴侣，互相学习、互相支持、互相勉励，在各自的岗位上都做出优异的成绩，像荷花并蒂相映美，如海燕双飞试比高。三愿你们优生优育，只生一个孩。今日银河初渡，愿他年玉树生枝。新婚燕尔，其乐融融，当你沉浸在蜜月的幸福之中时，要带头响应党的号召，一对夫妻只生一个娃儿。"

五、即兴演讲的表现技巧

1．即兴演讲的口语表达技巧

（1）停顿

停顿与连接在说话中起着重要的表情达意的作用，主要意义在于保证语意清晰明确，不使听者产生误会；强调重点，加深印象；体现思考判断，给听众的领悟提供依据和时间；营造意境，令人回味想象。

参考案例

某单位调整工资以后，在一次总结会上，一位领导同志发言。可是这位领导肚子里没有多少"墨水"。他看了看报告，跟以前的没有什么区别嘛。"通过这次工资调整，极大地调动了职工的积极性，加了工资的和尚未加工资的干部，都纷纷表示……"

可是在报告的时候，大家听到的却是："通过这次工资调整，极大地调动了职工的积极性，加了工资的和尚，未加工资的干部，都纷纷表示……"

"妙语"一出，全场听众愕然，纷纷指责道："我们这里又不是少林寺，怎么还有和尚？""怪不得我们这些人没长工资，原来把指标送给庙里了！"

(2) 重音

重音可分为语法重音和强调重音。在表达时,重音一般是重读,但也可根据不同的言语环境选择相应的语音变化来突出重音,如压抑气息、用轻声或低声表达,用短促有力的声音表达,用拖长的声音表达等,都可以显示重音并实现言语目的。例如,

我要炒鸡蛋——"炒"为重音,意思是不要煎鸡蛋。

我要炒鸡蛋——"鸡蛋"为重音,意思是不要炒粉丝。

我要炒鸡蛋——"我"为重音,意思是不要你炒。

(3) 语调

语调高低起伏变化,就是升降。人在说话中,同一语句的高低升降变化不同,所表达的思想感情和内容也就不同。语调的升降变化贯穿于整个语句,但在句末表现得最明显。语调可分为高升、降抑、平直和曲折四种类型。

(4) 节奏

节奏指的是即兴演讲的速度快慢变化。语速变化是表情达意的一种重要手段,速度快,会使人感到急促、紧张;速度慢,会使人感到安闲、平静。恰当地运用语速的变化并结合其他言语技巧,可以渲染场景,烘托气氛,增强言语的节奏和气势,产生巨大的艺术感染力。

2. 即兴演讲的态势语表达技巧

(1) 表情语

演讲者的表情主要在面部,它受着两种因素的制约:一是对听众的态度,二是所讲的内容。对听众而言,表情的基调应是微笑,它是招人喜欢的秘诀;就内容而言,表情应丰富多彩,喜怒哀乐都可出现。在整个面部表情中,最鲜明、最突出、最能反映深层心理的是眼睛的神态,即眼神。"眼睛是心灵的窗户",演讲者要学会用眼睛说话,把自己真实的感情流露在眼睛里,随时运用眼睛与听众交流感情。

(2) 体态语

体态是指表演者的身体姿态和身体动作,它也是一种塑造表演者形象、辅助口语传情达意的无声语言。体态语主要由演讲者的头、身躯和脚三部分组成,头部语最为重要。头部语表情达意的方法一般有:点头表示赞同,摇头表示否定,低头表示谦逊或忧虑,昂头表示勇敢或高傲,后仰表示软弱或失望,倾斜表示得意或愉悦,左右微摇表示怀疑或不忍,前倾表示惊讶或逗趣,微倾表示观察或思考,直立表示庄严或坚强。

(3) 手势语

手势语是演讲者运用手掌、手指、拳和手臂的动作变化来表达思想感情的一种态势语言。手势所表达的意义,是由手势活动的范围、方向、幅度几方面来决定的。

① 手势活动的范围。手势活动的范围大体分为三个区间,肩部以上为上区手势,表示积极向上或激昂,如讲到激动时,演讲者常常双手向上举甚至挥动拳头;肩部到腹部间为中区手势,表示客观冷静,如叙述一件事情,分析一个道理,演讲者的手势常常在胸前出现;腹部以下为下区手势,表示鄙夷、厌恶等。

② 手势活动的方向。一般来说,向内、向上的手势,意味着肯定、赞同、号召、鼓励、希望、充满信心,是积极的手势;向外、向下的手势,意味着否定、拒绝、制止、终止、摒弃、冷漠,是消极的手势。如同样是搓手,朝上搓,可能是摩拳擦掌、急不可待;往下搓,则可能是局促

不安、不好意思。同样是举起两个手掌,掌心向内,往内缩,表示向我靠拢、注意我;掌心向下、往外推,则是意味着拒绝、回避。

③ 手势活动的幅度。手势活动幅度的大小与演讲者的感情、语势有很大关系。幅度大表示强烈,幅度小表示平和。手动臂不动是小幅度;手臂挥动甚至还带动全身,双手挥舞,这是大幅度。一般来说,演讲者大幅度的手势不宜过多,只能偶尔使用。

【名人与口才】

● 凡斯 ●

凡斯是世界最大保险公司之一的美国衡平人寿保险公司的副总裁。多年前,有人请他到西弗吉尼亚州去对衡平人寿公司的2000余名员工代表进行演讲,因为当时他只花了2年时间,就把保险做得相当成功,主办方专门为他安排了20分钟时间进行演讲。凡斯非常高兴,认为可以借此提高身价,他就将演讲稿写下来背,对着镜子演练了40回,每个词、每个手势、每个表情都恰到好处。他认为自己准备得已经天衣无缝,十分完美了。

可是,当他起身演讲时,忽然害怕起来,刚说了一句话,脑中便是"白茫茫"一片。慌乱之中,他后退了两步,可是脑子里还是一片迷茫;于是他又后退,想再重来,这番表演他一共重复了三次。讲台高1.3米,宽近1.7米,后面无栏杆,所以,他第四次朝后退时,便一个后空翻摔下讲台,消失了。听众哄然大笑,这种滑稽表演,在衡平人寿保险公司也是空前绝后的。

凡斯认为那是他一生当中最丢脸的一次经历,他羞愧难当,并为此写了辞呈。后在其上司的努力劝说下,凡斯撕掉辞呈,重拾自信,再也不背演讲稿了,并且成为了公司中数一数二的演讲高手。

实践强化训练

□ 训练1:即兴演讲情境案例分析与讨论

请分析与讨论下列的即兴演讲情境案例中演讲者的"得"或"失"。

◆ **案例1**

王老师在学期最后一次课即将结束之时,即兴说了这样一番话:"同学们,这一学期的课程即将结束了,但是与大家共处的日子将不着痕迹地珍藏在我的心间,就像诗人徐志摩说的'悄悄的我走了,正如我悄悄的来;我挥一挥衣袖,不带走一片云彩。'"由于大家都熟悉这段话,所以当她开了头以后,大家都跟着一起朗诵起来,含蓄而深沉,优美而有力……

◆ **案例2**

台湾著名节目主持人凌峰在1990年参加中央电视台春节联欢晚会上曾经这样介绍自己:"在下凌峰,我和文章(印尼歌手)不一样,虽然我们都得过'金钟奖'和'最佳男歌星'称号,但是,我是以长得难看而出名的。两年多来,我们大江南北走了一趟——拍摄《八千里路云和月》。所到之处,观众给我们很多的支持,尤其是男观众对我的印象特别好,因为他们认为本人长得很中国,中国五千年的沧桑和苦难都写在我的脸上。一般来说,女观众对我的印象不太良好:有的女观众对我的长相到了忍无可忍的地步,她们认为人比黄花瘦,脸比煤球黑。但是,我要特别声明:这不是我的错,实在是家父母的错误,当初没经过我的同意就把我生成这个样子……”

◆ 案例 3

景克宁在其八十寿辰座谈会上发表即兴演讲：“我的一生有三幸。第一幸，我是中国人，是中华民族的一个成员。中华民族是世界上文化最为悠久的民族，对世界文明做出了巨大贡献。第二幸，我身处当代，经历了新、旧两个‘中国’，又跨越了两个世纪，是中国动荡、发展、迈进的目击者和参与者，而且始终是社会进步力量的成员。第三幸，我是一名教师。教师是阳光下最灿烂、最神圣的职业。在这个岗位上，我结识了尊敬的师友，这是我的幸运。”

◆ 案例 4

有一次，中央电视台著名节目主持人白岩松在哈尔滨工业大学的即兴演讲，是这样开头的：“有这么一对夫妇，吃完饭就坐在那里看电视，看完了，就洗漱一下睡觉，日复一日、年复一年就这么过着。也许有的同学会说：太枯燥了吧，该离了吧？但真正的生活就是这样，就是这样平常。生活如此，大学生们走入社会之后注定要花大部分时间做平平常常的事。那对夫妻在年老的那一天会彼此含着热泪感谢对方与自己携手相伴一生、彼此温暖一生，而同学们也会在平平常常的生活中等来生命中只占百分之五的激情与辉煌时刻！因此，同学们要做好准备，毕业后准备迎接平淡。”

◆ 案例 5

著名演讲家戴尔·卡耐基说：“最近，我在纽约参加过一个宴会，席间有一位少女做即兴演讲。她在不久之前得到了一笔巨额的遗产，所以她就花了大量的金钱，把自己从头到脚装饰得十分华丽。她为什么要这样做呢？无疑的，她是想使宴会中的宾客，每个人对她都有一个好印象。可是，不幸得很，她的衣饰是足够富丽了，但是，她的一副面孔，十分深沉，好像是有着一股凌人的傲气，令人看了无论怎么也不会生出愉快的感情来。”

◆ 案例 6

据说，原国民党山东省主席韩复榘是行伍出身，没上过几年学，本是个大老粗：可他仗着自己是山东省主席，偏偏喜欢到处讲话，结果往往弄得驴唇不对马嘴，令人啼笑皆非。

有一次，济南大学校庆，韩复榘不请自来，而且还非要当众训话不可。他一站上讲台，先干咳了一声，接着便对台下发问：“开会的人都来齐了吗？没有到的请举手！”他见没有伸手臂的人，很满意地点了点头：“很好，很好，都来齐了。下面我就要开始训话了。”台下的人听了，都忍不住要笑，但又不敢笑出声，只好捂着嘴偷偷地笑。

“诸位、各位、在座的各位，今天是什么天气，今天就是演讲的天气。来宾十分茂盛，敝人也实在感冒。今天来的人不少咧，看样子大体有五分之八啦。

今天兄弟召集大家来训一训，兄弟有说得不对的，大家应该相互原谅。你们是文化人，都是大学生、中学生、留洋生。你们这些乌合之众是科学科的，化学化的，都懂得七八国英文，兄弟我是大老粗，连中国的英文都不懂。你们大家都是笔杆子里爬出来的，我是炮筒子里钻出来的。今天来这里讲话，真使我蓬荜生辉，感恩戴德。其实，我没有资格给你们讲话，讲起来嘛，就像对牛弹琴，也可以说是鹤立鸡群了。

今天，不准备多讲，先讲三个纲目。蒋委员长的新生活运动，兄弟我举双手赞成。

就一条：行人靠右走，着实不妥。大家想想，行人都靠右走，那左边留给谁呢？

还有件事，兄弟我想不通。外国人在北京东交民巷都建立了大使馆，就缺我们中国的。我们中国为什么不在那儿建个大使馆呢？说来说去，中国人真是太软弱了。

第三个纲目，学生篮球赛，肯定是总务长贪污了。那学校为什么会那么穷酸？十来个人穿着裤衩抢一个球，像什么样？多不雅观。明天到我公馆领笔钱，多买几个球，一人发一个，省得再你争我抢的。

今天这里没有外人，也没有坏人，所以我想告诉大家三个机密：第一个机密暂时不能告诉大家，第二个机密的内容跟第一个机密一个样，第三个机密前面两点已经讲了，今天的演讲就到这里，谢谢诸位！"

听着韩复榘的"训话"，人们实在忍不住了，一个个笑得前仰后合，眼泪都笑出来了。而韩复榘还认为人们笑是因为他讲得精彩呢，越讲越高兴，自己还情不自禁地鼓起掌来。

后来，同学们见面就拿"韩主席"的话当笑话讲，背地里还把韩主席称为"幽默大师"。

□ 训练 2：即兴演讲情境模拟演练与体验

请演练与体验下列的即兴演讲情境。

◆ ***演练与体验*** 1

请用不同的重音来表现下面的语句，大声朗读出来。

(1) 让暴风雨来得更猛烈些吧！

(2) 生命中充满了巧合，两条平行线也会有相交的一天。

(3) 如果，我多一张船票，你会不会跟我一起走？

(4) 有人就有恩怨，有恩怨就有江湖。人就是江湖，你怎么退出？

(5) 做人要厚道！

(6) 当你年轻时，以为什么都有答案，可是老了的时候，你可能又觉得其实人生并没有所谓的答案。

◆ ***演练与体验*** 2

请对下面的语句中进行不同的停顿处理，并大声地朗读出来。

(1) 无鸡鸭也可无米面也可无金银也可。

(2) 有信心不一定会成功，没信心一定不会成功。

(3) 未来的竞争是人才的竞争，是全民素质的竞争！

(4) 爱一个人需要理由吗？不需要吗？需要吗？不需要吗？需要吗？不需要吗？我是跟你研究研究嘛，干嘛这么认真呢？需要吗？

(5) 从现在开始，你只许疼我一个人，要宠我，不能骗我，答应我的每一件事都要做到。

(6) 宽容，是一种坦荡，可以无私无畏、无拘无束、无尘无染。宽容，是一种豁达，是比海洋和天空更为博大的胸襟，是宽广和宽厚的叠加、延续和升华。宽容有度、宽容无价、宽以待人，这是人生处世的基本法则。

◆ ***演练与体验*** 3

请根据下列内容，设计正确的态势语言，并表演出来。

(1) 你用你厚大的手掌把我抱在怀里。

(2) 最了解你的人不是你的朋友，而是你的敌人。

(3) 梅花：迎接它出生的不是和煦的春风，而是凛冽的北风；伴随它成长的不是温暖的春天,而是寒冷的冬天;滋润它成长的不是晶莹的甘露,而是肃杀的严霜;衬托它美姿的不是浓浓的绿意,而是寒彻的白雪。花坛暖房里,它不开;冰天雪地里,它怒放;寒风霜气中,它绽开。阳春三月,不见它的踪影;寒冬腊月,它迸发出震撼人心的力量。

(4) 大学四年,光阴荏苒。忆同学少年,良多趣味。我们曾谈曹操青梅煮酒,纵论天下英雄;我们曾诵李白举头望明月,细诉思乡情怀;我们曾学毛泽东指点江山,歌颂风流人物;我们曾吟周敦颐爱莲篇章,立下君子之志。……如今,这些都如片片枫叶,珍藏在你我青春的诗集。

◆ *演练与体验 4*

下面是电影《简·爱》的一段经典对白,请同学们分小组进行表演,表演中要注意运用恰当的态势语。

罗切斯特:还没睡?

简·爱:没见你平安回来怎么能睡?梅森先生怎么样?

罗切斯特:他没事。有医生照顾。

简·爱:昨儿晚上你说要受到的危险,过去了?

罗切斯特:梅森不离开英国很难保证。但愿越快越好。

简·爱:他不像是一个蓄意要害你的人。

罗切斯特:当然不。他害我也可能出于无意。坐下。

简·爱:格雷斯·普尔究竟是谁?你为什么要留着她?

罗切斯特:我别无办法。

简·爱:怎么会……

罗切斯特:你忍耐一会儿,别逼着我回答。我,我现在多么依赖你。唉——该怎么办?简,有这样一个例子,有个年轻人,他从小就被宠爱坏了,他犯下个极大的错误。不是罪恶,是错误,它的后果是可怕的,唯一的逃避是逍遥在外,寻欢作乐。后来他遇见个女人,一个二十年里他从没见过的高尚女人,他重新找到了生活的机会,可是世故人情阻碍了他,那个女人能无视这些吗?

简·爱:你在说自己,罗切斯特先生?

罗切斯特:是的。

简·爱:每个人以自己的行为向上帝负责,不能要求别人承担自己的命运,更不能要求英格拉姆小姐。

罗切斯特:哼!你不觉得我娶了她,她可以使我获得完全的新生?

简·爱:既然你问我,我想不会。

罗切斯特:你不喜欢她?说实话吧。

简·爱:我想她对你不合适。

罗切斯特:啊哈,那么自信?那么谁合适?你有没有什么人可以推荐?

罗切斯特:你在这儿……已经住惯了?

简·爱:我在这儿很快活。

罗切斯特:你舍得离开这儿吗?

简·爱:离开这儿?

罗切斯特：结婚以后我不住这儿了。

简·爱：当然，阿黛尔可以上学，我可以另找个事儿。

简·爱：我要进去了，我冷。

罗切斯特：简。

简·爱：让我走吧。

罗切斯特：等等。

简·爱：让我走。

罗切斯特：简。

简·爱：你为什么要跟我讲这些？她跟你与我无关！你以为我穷，不好看，就没有感情吗？我也会的。如果上帝赋予我财富和美貌，我一定要使你难于离开我，就像现在我难于离开你。上帝没有这样。我们的精神是同等的，就如同你跟我经过坟墓将同样地站在上帝面前。

罗切斯特：简。

简·爱：让我走吧。

罗切斯特：我爱你。我爱你。

简·爱：不，别拿我取笑了。

罗切斯特：取笑？我要你。布兰奇有什么？我对她不过是她父亲用以开垦土地的本钱。嫁给我，简，说你嫁我。

简·爱：是真的？

罗切斯特：唉——你呀。你的怀疑折磨着我，答应吧，答应吧。

[解说]罗切斯特紧紧地拥抱着我，我沉浸在幸福之中。

罗切斯特：上帝饶恕我，别让任何人干扰我。她是我的，我的。

◆ **演练与体验5**

请即兴抓取眼前的事物，无论是什么，都将它作为题目，发表两分钟的演讲。

◆ **演练与体验6**

请同学按抽签顺序以“从头再来”、“偏见比无知离真理更远”为题构思，进行即兴演讲，时间为3分钟。

口才金言

一个人可以面对多少人讲话，就代表这个人的人生成就有多大！

——丘吉尔

实践情境17

求职面试

实践提示

同学们毕业找工作,面试几乎是每个人都要经历的过程。面试的种类有很多,但无论何种形式的面试,应聘者与考官之间的语言交流是不可缺少的,特别是以二者之间一问一答为主要形式的面试,考官往往通过对应聘者对问题的回答来考察其综合素质,这就要求应聘者在具备较强的个人竞争实力的基础上,还要具有特殊的语言表达策略和出色的口才应对技巧。比如:面试时如何进行自我介绍?如何应对考官的各种“难题”?如何向考官恰当地提问?这些问题都对面试成功与否起着关键作用,不可小视。

实例点击

“自信”的黄小姐

黄小姐通过公务员笔试之后接到某局的面试通知,她精心准备后前来面试。

面试开始了,主考官说:“黄小姐,首先恭喜你过了第一关。现在,我想请问你有何能力来应聘我们这个职位?”黄小姐满怀自信地回答道:“谢谢各位考官!我是今年××大学的应届毕业生,我在中小学就有了很强的领导指挥才能,例如……(举了两个例子,一个中学的,一个小学的)到了大学,我不仅勤奋学习,而且还担任了学生会学习部部长,并组织策划了许多活动……(举一个成功策划的例子)由于我的努力,我获得了许多奖项……(罗列所获奖项)我还参加了社会实践工作,曾在……(列出工作单位及实习情况)我具备了……(举出适合担当大任的原因及才能)”

结果,几分钟的面试过程,主考官只有机会说第一句话和最后一句话:“再见!”

分小组讨论:黄小姐的问题出在哪里?

【5分钟后分别请几个小组的同学代表到台上来陈述自己小组的见解。】

实践方法指导

一、面试口才的实施基础

1. 准确判断对方的意图

求职面试是一种依靠语言为沟通工具的特殊社交活动。语言交往有三种态度类型:

直率的态度、回避的态度和隐蔽的态度。在招聘过程中，一般以比较特殊的方式所进行的当面测试大都采取隐蔽的态度，因为招聘者此时只侧重于他所需要或者看中的某一点，而不着重于对一个人的全面了解。那么，这就要求求职者面对招聘者精心设计的、把真实意图与目的完全处于深层隐蔽状态的面试进行分析、判断，把握其实质，否则求职者的表达只能是无效的。

参考案例

一家公司老总要招聘一名副手，这一天老总亲自来面试。但奇怪的是，老总并不是对应聘者逐个地进行面试，而是把所有人都集中到大会议室，讲起了故事："唐朝有个大将军，名叫张飞。有一天，张飞带领军队追击敌人。那天是一年中最热的一天，士兵们带的水早就喝干了，沿途又没有可饮之水，士兵们又累又渴，连前进的力气都没有了。张飞焦急万分，后来灵机一动，指着前面对士兵说，转过这个山口前面就是一片梅林，梅林已经成熟了，大家加把劲，很快就可以吃到可口的梅子。士兵们在条件反射作用下，顿时口舌生津，又有力气前进了。"

讲完之后，老总望着大家仿佛有所期待，应聘者则莫名其妙。终于有个人鼓足勇气站起来说："老总，您今天的故事讲得很好，但我们是来参加面试的，不是来听故事的，请问老总，面试什么时候开始？"老总没有回答。

过了几分钟，他不易察觉地笑了一下，转身要离开。这时一个人站起来："老总，请等一等！我想指出您的错误。在您刚才所讲的故事中，您至少犯了两个错误。第一，那个将军不是张飞，是曹操；第二，故事发生的时代也不是唐朝，而是三国。尽管我不明白您讲这个故事跟今天的面试有何关系，但我还是指出来，希望您别介意。"老总听完，脸上露出了微笑。

在这个故事中，老总就是通过讲一个家喻户晓的故事，并故意犯了两个错误，来把他的真实意图隐蔽起来：他想寻求一个善于发现他的错误并有勇气大胆指出来的副手。

2. 积极倾听对方的问题

求职面试的主体就是答问，即主考官提出问题和求职者回答问题。那么听清楚、听明白主考官的问题，是求职者正确进行回答的前提，因为求职面试过程是求职者接受主考官查询和审视的过程，有的求职者不去认真倾听主考官的问题，而盲目地进行自以为是的回答，结果使自己丧失良机，甚至有的求职者栽倒在主考官再简单不过的常识问题上。所以，求职者要做到积极倾听主考官的问题，即要做到专心地听、耐心地听、细心地听。

参考案例

一位刚从大学毕业的青年人参加面试，简短对话之后，主考官提出了一个问题："何时的销售可谓之销售？"青年人自以为懂得会计理论，凭着自己的专业知识一定会给主考官留下深刻的印象，于是把他所学的知识倾囊而出，大约花了10分钟时间畅谈会计与货物销售之间的关系。最后，主考官终于忍不住了，打断了他的话："我只要您说当货物装上船或者车，运往买主手中时，才叫销售。"年轻人失去机会，原因在于他没有认真听清主考官的问题而盲目作答。

3．正确驾驭语音技巧

求职面试时的语言表达是由内容与语音两大部分组成的，内容是主体，语意是物质外壳，后者对前者有着不可忽视的辅助和强调作用，即在面试语言表达中，如何把要表达的内容用富有情感色彩的语音输出，是求职者面试时实施语言艺术的基础之一。首先，要驾驭好自己的语势，如语气、语调、情绪、意味等情感信息，使自己的语言表达形成适时、适境的气氛与姿态；其次，要驾驭好自己语言的节奏和声调，即把语言的快慢、强弱、断续和语气语调的刚柔、扬抑有机结合起来；最后，要注重口语的形象性，力求使自己的语言富有生气和活力。

二、面试口才的基本要求

1．简明

求职者在面试时必须以最少的语言传递最多的信息，重点突出，有的放矢，让招聘者能够在很短的时间内了解和欣赏自己，切忌滔滔不绝、漫无边际、事无巨细。所以，面试时语言表达不要罗唆重复，繁杳无章，必须思路清晰，言简意赅、措辞精当、不说废话。同时要注意紧扣招聘者提出的问题来作答，不能离题万里，答非所问，要开门见山地亮出自己的观点。

2．诚实

求职者在面试时可能会遇到在自己知识水平内无法回答的问题，此时对于求职者的第一要务就是诚实，切忌不懂装懂，牵强附会，因为任何人都不是万事皆通。当遇到由于自己不懂而无法回答的问题，最好的办法就是实事求是地坦然承认，这样反倒会给主考官留下诚实坦率的良好印象，把不利情形变为有利条件。如果硬要装懂、强作回答，可能使局面越来越糟。

3．质朴

求职者在面试时的语言表达一定要质朴无华，做到自然、朴实、亲切，即使想通过自我表白来表露自己的水平和才华，也要注意恰如其分，不能片面追求华丽与雕琢，这样易使人生厌。当被主考官问及专业技术等问题时，一定要有实际内容，切忌夸夸其谈，一定要有真知灼见，切忌空洞无物。如果一味追求玄虚的花架子，只能是自讨没趣。

参考案例

小高前来参加一家网络公司的面试复试。复试开始了，主考官陈经理说："小高，我们公司招聘的网络编辑，不仅要会 IT 和编辑知识，而且还要善于收集、统计资料，为公司提供必要的信息。那么请问你对此有何认识？"

小高想要用比较独特的思维和方式来回答这个问题，以便增加录用的机会。他思考了好一会儿说："我把公司比喻成一张大网，公司是网中的一个核心点，而网络编辑在公司中充当的角色就是核心点周围的那层网。"说着，小高拿起纸和笔比划了一番，并指给陈经理看，"就像这样。所以，我们的岗位是不可缺少的。少了我们这一层，这网就不可能连起来，也就失去结网的意义了。这就是我对此岗位的肤浅的认识。"

没想到陈经理接到："是够肤浅的了。"一个简单的问题却被小高给雕琢得复杂了，当然录用的机会也被"雕琢"掉了。

4．独到

求职者在面试时的语言表达，在做到标准、简明、质朴、诚实的基础上，应当追求富有个性，这是较高一点的要求。个性鲜明、表达独到，就会使自己的语言表达富于特色，这样就具有了吸引力，也就很容易给主考官留下比较深刻的印象。当然，要求独具个性必须做到熨贴，不能为独到而独到，故意走偏锋，那样只能适得其反，因为语言表达的独到实质上是一个人思维品质的体现。

参考案例

小李接到某公司的通知后前来面试。主考官问小李："你喜欢出差吗？"小李回答道："坦率地说，我不喜欢。因为从一个地方到另一个地方毕竟不是旅游，确实很辛苦。但我知道，到外地推销商品是营销活动的一个重要部分，也是推销员的主要工作之一。所以我不会在意出差的艰辛，反而会以此为荣。因为我非常喜欢推销工作，我认为这一点更重要。"

主考官又问："如果我们接受你，你会干多久呢？"小李回答道："没人愿意把一生最为宝贵而有限的时光花在不停地寻找工作当中，也不会有人心甘情愿地将自己喜欢的东西轻易放弃。如果这份工作能够使我学以致用，能更好地发挥我的潜力，而我也能从中获得更多的新知识与新技能，并且也能够得到相应的回报，那么我没有理由不专心致志地对待我所热爱的工作。"

小李这番机智、坦诚而具个性化的回答让主考官颇为欣赏。

5．标准

标准应该说是对求职者面试时语言表达的最基本、最起码的要求。在现代职场上，说普通话是职场中人必备的素质和条件。在求职面试时具体要做到发音准确、吐字清晰、语调平和、语速适中;进一步做到优美文雅、抑扬顿挫、讲究条理、连贯有序。另外,表达标准还要求注重礼仪,规范得体。

三、面试自我介绍的技巧

1. 准确定位

在面试自我介绍时,一定要紧紧围绕自己所申请的职位对人才的条件要求和招聘单位的用人标准来进行,切忌随意的、盲目的罗列,即使你是优秀的人才也需注意。必须有针对性地进行重点介绍,比如应聘推销员,就应该重点介绍自己的公关能力、表达能力、吃苦精神、已有业绩等方面,而与推销职业关系不大的内容则不宜多说,即必须注意到招聘者关心的重点所在以及面试时间的限制。另外,自我介绍时的不遗余力地全盘展现,还会导致招聘者认为你与用人要求不对口的误会。所以一定要记住,在准确定位的基础上注意突出优势。

2. 假借口吻

面试时切记不要以为自我介绍就要大谈特谈“我”字,而是要做到谈“我”却尽量减少“我”字的使用率,对自我介绍时的“我”字作一定的艺术处理常常是必要的。比如,主考官说:“谈谈你自己吧!”你如果巧妙地回答:“您想知道我这个人的生活,还是与这份工作有关的问题?”就把应该“我”字打头的话变成了“您”字打头。假口于人是自我介绍时避“我”的好办法,“别人说我在学习上……”就能够淡化自我意识,使话听起来更顺耳。所以,自我介绍时巧妙地假借他人口吻来显示自我不失为上策。

3. 把握分寸

自我介绍时,一定要恰如其分地评价自己,不可妄自尊大,也不可妄自菲薄,自我介绍时既要坦诚直率,又要有所保留,既要介绍自己的能力,又不要用保证式的口吻。不能过分地炫耀自己,更不能说“我保证……”“我肯定……”这样极端化的语句,不能给人自大不实的感觉,更不能不给自己留下必要的进退余地。另外,自我介绍时可巧妙适当地谈及自己的缺点,会给人留下诚实可信的印象,但切记不能多,一则容易影响优点的表达,二则招聘者毕竟不喜欢满身缺点的人,当然更不能过度地“谦虚”乃至自我贬低,那样会给人缺乏实力与自信的感觉。

4. 注意详略

主考官可能不会对求职者的自我介绍做时间与内容的硬性规定,但求职者必须注意在最少的时间内展现出自我风采,借此显示自己的组织材料能力和语言表达能力。自我介绍时先介绍什么,后介绍什么,哪些是重点介绍,哪些是简略介绍,都必须通盘考虑。比如对姓名,年龄、所学专业、毕业学校等可先介绍,而且不必展开,或者因简历上已有而不介绍;而对与自己申请职位有关的优势和闪光点则要强化,以加深主考官的印象。自我介绍最忌流水账本,平铺直叙,面面俱到,没有重点。

5. 提防夸奖

自我介绍时,当求职者罗列成绩时,如果主考官顺势大大夸奖一番,求职者必须引起高度重视和警惕，弄清楚主考官夸奖的真意所在。尤其当主考官用夸大语言和语调来赞美求职者时，其实他的内心可能已经掀起一股莫名的火气：他不想再听这类洋洋自得的“自我介绍”了！如果求职者没有听出主考官的弦外之音，继续“介绍”下去可能会弄巧成拙。所以，求职者在自我介绍时，当谈到某个话题，可以先试探性地说一点儿，同时探索出主考官赞美言词背后的真实意图，然后再视情接续介绍。总之，求职者应该记住，主考官的夸奖赞美不一定都是好意。

6. 观察考官

自我介绍时，求职者切忌只顾一味地自我陈述，忽视或者漠视主考官的任何微小的反应，如一个小小的手指动作，一个轻轻的眼神流露，一句看似不经意的话等。例如，当主考官微微地点头，或者会心地一笑，他可能对求职者的话题感兴趣，求职者就应该好好把握住这个机会，做出快速反应，比如可以顺势多谈一些这个话题，也可以稍稍停顿听听主考官的评价，或者趁机巧妙地给自己下个评语，很自然地给主考官留下良好的印象。如果主考官频皱眉头，或者有不耐烦的动作出现，求职者就要考虑马上扭转局面，不能再径自谈下去了。

四、面试回答问题的技巧

1. 追求准确

在回答问题时，答非所问、含糊其辞、支支吾吾、牵强附会等，都是主考官所难以接受的。求职者必须认真倾听主考官的问题，仔细推敲，弄清实质，然后再迅速做出准确的回答，比如用什么程序回答、用哪些知识回答。要做到有理有据、重点突出，不能长篇大论，不得要领；要讲清原委，避免抽象，以求给主考官留下具体的印象。准确还要求求职者做到语言得体，答问适度，要针对不同的场合、针对不同的主考官，做出适合此人的回答。

2. 善于应变

面试时，主考官提出问题可能有很大的“随意性”，求职者要保持镇定的心态，理清思路，找准角度，机智作答。另外，求职表述必须注意到主考官的实际情况差异，许多主考官之所以不按照一般的规律、程序、办法来提问，有的是想追求创新，也有的是自身素质所致。比如有的主考官由于缺乏经验，话一说出来就给求职者造成了不必要的紧张，也可能有的主考官就爱“横挑鼻子竖挑眼”，这就需要求职者既表现出对他的尊重，又表现出自己的才华。

3. 讲究策略

要使自己的回答能够掷地有声，收到成效，就应该在回答时讲究策略，不管是相对而言的长篇宏论，还是别无选择的片言只语，该明确的就要明确，该模糊的就要模糊，该直言不讳的就直言不讳，该委婉含蓄的就委婉含蓄，该先说的就先说，该后说的就后说等。讲究策略会使求职者的回答呈现内蕴的逻辑思维性，而不只是表面化的语言表达。比如求职者与主考官意见相左，顺水推舟地先说一句“你的意见有一定道理”，就在一定程度上削弱或者消除抵抗情绪。

4. 巧于答难

面试时，主考官可能会提出一些不好回答、难于回答甚至使人陷入困境的问题，如何回答这些难题则成了求职者回答提问时的关键。求职者想顺利地回答出难答之处，走出答问困境，需要一定的"四两拨千斤"的技艺，面对疑难困境应该化不利为有利，力求实话巧说。但是，首要的是保持好临场的心态，掌握主动权。另外，在面试之前，求职者应该做好充分的准备，结合实际尝试做一些预测，不能只满足于一般常识性问题的信息准备，而要做好应对可能出现的超常问题的准备。

【小链接】

这样的问题求职者不要提！

在面试中，有很多问题是初涉职场人士求职成功的"杀手"，主要体现在：

缺乏自信类的问题。如"你们要几个人？"

急问待遇类的问题。如"少于××××元，我是不做的。"

报有熟人类的问题。如"我认识你们单位的××。"

本末倒置类的问题。主要是指那些因没摆正自己的位置而提出的超出了应当提问范围的问题。

不当反问类的问题。如主考官问面试者对工资的期望值后，面试者反问："你们打算出多少？"

【名人与口才】

● 福胜·J. 辛主教 ●

福胜·J. 辛主教是美国最具感染力的演说家，他在《不虚此生》一书中写道：我被选出，参加学院里的辩论队。在参加辩论的前一晚，我们的教授把我喊到办公室里教育了一顿，说你真是一个废物，我们还没有见过比你更差的演说员。"我既然这么饭桶，干嘛还挑我参加辩论队？""因为你会思想，而你不会演讲。"最后，教练让我读一段话，找出其中的错误，我把一段话反反复复练习了两个钟头，教练问我，看出其中的错误了吗？最后，我终于明白，原来我讲时没有诚意，根本就心不在焉，没有一点感染力。

实践强化训练

□ 训练1：求职面试口才情境案例分析与讨论

请分析与讨论下列的求职面试情境案例中求职者语言表达的"得"或"失"。

◆ 案例1

小郑是广东潮汕人，在广州定居已经三年多了，但乡音未改，满口浓重的潮汕普通话。这一天，他应广州某一大型设备有限公司之约前来面试。看到小郑的那股热情劲儿，公司副总经理破格亲自面试了他。在交谈中，副总经理听出了小郑那满口的潮式普通话，就问道：小郑，你是哪里人？"小郑答道："我是潮汕的。"副总经理应道："哦，我也是。"小郑马上用潮汕话问副总经理："你是哪里的，我是枫溪的。"这时副总经理用普通话回答到："我是饶平的，潮汕地区人杰地灵啊，是一块风水宝地呀！"此时，小郑仍旧用浓重的方言回答：

"是呀,是呀!"……尽管副总经理再三地用自己的言行来提示小郑用普通话交谈,但小郑一直未能注意并重视,也因此失去了这份工作。

◆ **案例** 2

主考官:"你的工作动力是什么?"

求职者:"首先是工作本身,也就是我对该项工作是否感兴趣,是否能发挥自己的特长,是否能胜任,是否能学到新知识与新技能,以及能否得到进一步的自我发展。其次是自我价值的承认,即我能否得到别人的信任与尊重,能否有晋升的机会。最后是结果,即我是否能得到较高的工资和待遇。"

◆ **案例** 3

主考官:"你主要的长处什么?"

求职者:"认真,我一贯以认真为荣。当我接受一次任务,或者完成一次工作时,我总是竭尽全力去做好。记得在我见习初期,经理曾让我负责收发,尽管那是一项极其简单的工作,我仍做得一丝不苟。每天我早早来到办公室,把当天的信件分理归类,如'急件'、'非急件'等,然后井然有序地放在相关工作人员的办公桌上。大家对此赞不绝口……"

◆ **案例** 4

主考官:"你不认为自己太年轻了吗?"

求职者:"再过两个月我就满 23 周岁了。尽管我缺乏相关的工作经历和经验,但我却有整整两年的学校学生会工作的经验。大二时,我被选为学校学生会主席,之后又连任一年。您可以想象,组织各种大型活动,做好日常烦琐工作,不是一件很容易的事。两年的学生会主席工作获得了师生的一致好评,所以我认为年龄固然能说明一定问题,但个人素质与能力才是更重要的。对于企业部门的管理更是如此。"

◆ **案例** 5

主考官:"在学校你最不喜欢的课程是什么? 为什么?"

求职者:"我可能对个别课程不是特别感兴趣,但我会通过努力扭转这一局面,并尽量使各门课程平衡发展。"

主考官:"你的成绩一般。你认为你在学校属于好学生吗?"

求职者:"我认为判断好学生的标准是多元化的,相对来说,我更喜欢实践,喜欢挑战和压力,我在多次实践活动中锻炼了团队合作精神和组织能力。成绩只代表过去,我相信有了在学校的学习和锻炼,到了新的岗位,我会找到更适合发展的空间。"

然后,求职者又列举了一下自己在实践活动中的成绩。

◆ **案例** 6

主考官:"你怎么知道我们这里正好有空缺的职位啊?"

求职者(故作神秘地):"我在梦里听到有人对我说的。"说完自己先笑了起来。

◆ **案例** 7

有一位大学毕业刚工作了一年的女孩去一家公司应征一个秘书的职位,双方都谈得很愉快。下面是面试已近尾声时的谈话。

主考官:"你认为对你来说现在找一份工作是不是不太容易,或者说你很需要这份工作?"

女孩："我看不见得。"

◆ 案例8

据传冯玉祥有一次招聘秘书，一个研究生携带自己丰富的个人资料前来应聘。见面之后，冯玉祥根本没看研究生的资料，突然问："你能说出刚才上楼的楼梯有多少级吗？"研究生一愣，随机答道："你能一准说出冯玉祥三个字的笔画数吗？"冯玉祥哈哈大笑，录用了这位研究生，研究生情急之下机智的激将勇气让冯玉祥赏识。

□ 训练2：求职面试口才情境模拟演练与体验

请分角色扮演模拟演练与体验下列的求职面试口才情境。

◆ 演练与体验1

求职面试时如何进行自我介绍才合适？请假想面试情境模拟训练。

◆ 演练与体验2

试回答下列面试中关于求职者情况的问题。

——你有什么业余爱好？

——你和其他求职者有什么不同？

——你父母的生日是什么时候？

——你对自己的学习成绩是否满意？

——你找工作重要的考虑因素是什么？

——如果工作安排与你的专业无关，你怎样考虑？

◆ 演练与体验3

试回答下列面试中关于求职者资历的问题。

——没有工作经验，你认为自己适合我们的要求吗？

——你在事业上受过挫折吗？

——我为什么要雇用你？

——你的老师对你的评价如何？

◆ 演练与体验4

试回答下列面试中关于职业发展方向的问题。

——哪位老师（人物）对你影响最大？

——你认为你最适合做什么？

——你如何规划自己未来的事业？

——你想找一份长期的还是临时性的工作？

口才金言

一个人不会说话，那是因为他不知道对方需要听什么样的话。

——林道安

附　录

附录A　主持会议的语言艺术

一、主持会议的基本要求

1. 准备充分

主持会议不能仓促上阵，不能打无准备之仗，应该在事前吃透情况，做到心中有数，这是主持好会议的基础和前提。首先，要明确会议的目的。目的不明确，讲话就会盲目，偏离会议主题，所以要做到心里想清楚，本上写清楚，嘴上说清楚。其次，要明确会议的程序。会议有几项议程，先做什么，后做什么，需要多长时间等，都应该做到心中有数，这样主持起来才能从容不迫，有条不紊。再次要明确讲话的内容。要想好讲什么，怎么讲，最好在会前拟出提纲或者打好腹稿，但又必须切忌照本宣科，死记条条。

2. 突出议题

主持者是整个会议的"导航员"，会议能不能顺利召开，能不能达到预想的目的，能不能切实解决问题，主持者起着很重要的作用。主持者只有随时把握和驾驭会议，启发引导与会人员按照会议的议题与议程积极参与，才能达到预期的目的。这就要求主持者一开始就要讲明会议的议题、开法、要求及与会人员的任务，比如什么内容要由与会者发表意见，什么内容要与会者知道即可等。主持者必须把这些内容交代清楚，切不可不分主次与轻重，让与会者无所适从。

3. 讲究分寸

主持者讲话的分量要适度，不能不到位，也不能太过，以免使与会者产生歧义和误解。其一是要注意词意上的差别，做到恰如其分。尤其是同义词、近义词之间的差别必须仔细辨识，遣词造句要字斟句酌，比如说一个人的工作能力，用很强、较强、强、一般、可以等词来表述，其程度和分寸是不同的，一定要认真对待。其二是要注意态度和语调的区别。和风细雨与声色俱厉其分量和效果有很大差别，比如批评人要指出问题的严重性，进行严肃的教育，但不一定要大声呵斥。语言尖刻，态度粗暴必然会引起反感甚至抵触。

4. 因会制宜

与会者的情绪如何，参与程度如何，直接关系到会议的效果，那么，针对不同的会议，如何刺激与会者的兴奋点，把与会者的情绪鼓动起来，是主持者必须认真研究和解决的问题。比如，主持庄严的代表大会就要注意严肃性和规范性，主持欢庆大会就要注意热烈喜庆，主持动员大会就要注意鼓动性和说理性等。这就要求主持者靠真情实意打动听众，靠客观实例说服听众，靠对与会者的理解和尊重赢得听众。

二、主持会议的主要技巧

1. 开场技巧

一般情况下，好的开场主要有三条：一是直接点题。提纲挈领、要言不烦地把会议内容、主题讲清楚，给与会者一个明白；二是借题发挥。调动全场的情绪，造成适宜会议开展的气氛，使与会者兴奋起来；三是出口成章。运用富有启示性、诱导性的语言，引导全场迅速进入境界，让与会者集中精力。开场要尽量避免陈旧死板、千篇一律，要因境制宜、灵活构思、巧妙设计、出语不凡。

2. 连接技巧

会议主持者的重要职责之一就是连接照应，承上启下，把整个会议连缀成一个有机的整体，那么，主持者就可以通过机敏的反应、良好的口才、高超的组织概括水平来有条不紊地完成任务。主持者要做到承上启下，首先要对前面的发言中的精华给予概括和肯定，画龙点睛，做好铺垫；然后根据后面议题的特点，渲染蓄势，呼之欲出，让听众感到贴切自然，顺理成章。当然，切不可不分情境地生搬硬套。另外，在主持会议时，适当插入一些幽默语言，能增强讲话的生动性、趣味性，使会议气氛轻松愉快。

3. 应变技巧

会议中出现冷场、沉默、离题、争吵等情况是不可避免的，关键是主持人如何应对。主持者必须掌握一些控制和应对的技巧，根据会议进行中不断变化的情况，灵活地采取各种方法和措施，有针对性地调整各种关系，解决各种随机性问题。比如，在讨论过程中，遇到无人发言或者没有反应，陷入沉默或者出现冷场，主持者就应该针对具体情况采取相应对策：如果是与会者因缺乏经验而保持沉默，则主持者应该主动鼓励他们发言；如果是与会者因有所顾虑而保持沉默，则主持者应该努力创造民主宽松的会议气氛；如果是与会者因清高闭守而保持沉默，则主持者应该给予尊重、爱戴和鼓励等。总之，主持者必须把各种不利会议进行的尴尬情形巧妙地扭转过来，保证会议正常进行。

4. 引导技巧

会议在研究讨论过程中，出现偏离主题、意见分歧、无谓争辩等现象，都是很正常的，这时候就离不开主持者的正确引导。要想正确引导，应该坚持做到以下几点。一是学会倾听。主持者要创造条件让大家讲话，即使发言者说的是刺耳的话也要让他讲完，不满的话也要让他发泄，不要随意打断他人的发言。兼听则明，只有耐心倾听，才能发扬民主，集思广益。二是学会劝说。主持者要做到以理服人，拿出让人信服的论据来证明自己的观点，说服对方改变态度。要学会克制，避免与人争执；要学会归纳和提炼，从更高的层次上形成和完善自己的观点；要把握好发言火候，一般不轻易表明自己的态度，要在多数人发言后以平静商讨的语气来阐明自己的观点。三是学会插话。插话是利用当时的语境,针对发言者表达的内容,在其表达过程中插入适当的词语,表示赞同、附和或者反对,起到补充、调节等作用。但插话一定要把握时机、考虑话题,切合时境、准确精练,切不可滔滔不绝,喧宾夺主。当然,主持会议还是以少插话为佳。

5. 总结技巧

在会议即将结束时,主持者要对会议召开的有关情况及所取得的成果进行全面客观的总结,对不能确定的或者未能解决的问题做出解释说明。对会议总结的如何,是衡量主持者水平高低的重要方面。会议总结的大体内容包括会议的基本情况、会议的主要收获和今后的工作意见,一般可采用以下几种方法。一是直叙法。即简要概括地回顾叙述会议办了哪些事,达成了哪些共识,解决了什么问题,加深与会者印象。二是归纳法。即在简要回顾会议的基础上,对整个会议进行高度归纳、概括。三是鼓动法。即对会议不作全面总结的情况下,用鼓舞人心的话作总结,对大家提出希望和要求,号召大家为实现某个目标或者完成某项任务而努力工作。当然,主持者在会议总结发言时,要根据具体情况灵活进行。

三、主持会议的语言禁忌

1. 忌含混模糊

主持者在会议一开始就应明确中心议题,集中与会者的注意力,使其围绕中心议题积极思维,切不可东拉西扯,含混不清,离题跑题,造成与会者精神涣散。

2. 忌陈词滥调

主持者在主持会议时,一定要做到开门见山,话语简洁,语意清新,切不可“穿靴戴帽”、“八股文章”,那样会令人生厌,浪费时间,影响主题。

3. 忌罗嗦拖沓

主持者在主持会议时一定要有极强的时间观念,要以精简的语言来表达,任何拖泥带水的语言都必然会使与会者疲惫松懈,纪律松散。

4. 忌盲目定音

主持者在主持会议时要学会运用设问的方式,给与会者以启发,而不要用肯定句式贯穿始终,更不可盲目肯定或者否定与会者的意见,那样会破坏会议的民主气氛。

5. 忌冷漠无情

主持者在主持会议时要通过热烈的语言和生动的表情表现出信心与魄力,以此感染与会者,达到鼓舞人心的目的,切忌语言生硬刻板,表情冷若冰霜,给人一副难以接近的模样。

附录B 礼仪致辞的语言艺术

一、欢迎致辞的基本表达方法

致辞时首先要得体地称呼欢迎对象。如果欢迎对象是集体,应当使用统称,例如,“女士们,先生们”,前面可以加上“尊敬的”等敬语。如果欢迎对象是个人,则应当在姓名前加上“尊敬的”等敬语,后面加上“先生”、“女士”等称呼。大多数情况下是上述两种情况的综合,这时要先称呼个人,再称呼集体。称呼的顺序一般是先外后内,先高后低,先女后男,先疏后亲。

(1) 致辞的具体内容要根据欢迎对象的不同有所区别。如果是“迎宾”,首先,用简洁的语言对宾客的来临表示欢迎和问候;其次,根据具体情况因人因事、适境适情地表述,例如,阐述宾客来访的意义,叙述双方的友谊与交往,表达加强合作的意愿,展望美好的共同愿景等;最后,再用简短的语句向宾客表达良好的祝愿。总的来讲,“迎宾”要立足友谊。

(2) 如果是“迎归”,首先,用简洁的语句对归来人员表示欢迎和问候;其次,热情赞颂归来人员取得的丰硕成果或优异成绩,热情赞颂其优秀品质或崇高精神等;最后,再用简洁的语句向归来人员表达良好的祝愿。总的来讲,“迎归”要着眼赞颂。

(3) 如果是“迎新”,首先,用简洁的语句对新成员的到来表示欢迎和问候;其次,从不同的角度传达给新成员“这里就是你的家”的信息,在精神上安抚新成员;最后,再用简洁的语句向新成员表达良好的祝愿。总的来讲,“迎新”要重在安抚。

致辞结束一般说简短的致谢语,如“谢谢!”

二、欢送致辞的基本表达方法

致辞时首先要得体地称呼欢送对象。如果欢送对象是集体,则应当使用统称,例如,“各位同学”、“各位战友”等,前面可以加上“尊敬的”等敬语。如果欢送对象是个人,则应当在姓名前加上“尊敬的”等敬语,姓名后加上“先生”、“女士”等称呼。有时候是上述两种情况的综合,这时要先称呼个人,再称呼集体。称呼的顺序一般是先外后内,先高后低,先女后男,先疏后亲。

(1) 致辞的内容要根据欢送对象的不同有所区别。如果是欢送来宾,首先,开头部分用简洁的语句对宾客的离去表示热烈的欢送;其次,主体可以回顾双方的友谊并做出评价,赞扬和感谢对方给予的帮助或支持,肯定双方合作或交流的成果等,并可以简略预示双方合作的前景等;最后,结尾部分可以用简洁的语句向宾客表达美好的祝愿。

(2) 如果是欢送暂别的内部人员离去,首先,开头部分用简洁的语句对内部人员的离去表示热烈的欢送;其次,可以简述对方的精神与贡献等,重点表达对对方的激励,着眼于即将面对的环境和考验,激励对方以饱满的精神状态和果敢的实际行动创造美好的前景;

最后,结尾部分用简洁的语句向离去的人员表达美好的祝愿。

(3) 如果欢送的是久别的内部人员离去,首先,开头部分用简洁的语句对内部人员的离去表示热烈的欢送;其次,较为详尽地回顾往日相处的友情、对方取得的成就或做出的贡献等;再次,较为详尽地表达对对方的勉励,着眼于未来的环境和考验,勉励对方以饱满的精神状态和果敢的实际行动创造美好的新生活;最后,结尾部分用简洁的语句向离去的人员表达美好的祝愿。

致辞结束一般说简短的致谢语,如"谢谢!"

三、答谢致辞的基本表达方法

致辞首先要得体地称呼答谢对象。一般先称呼致欢迎词、欢送词、祝贺词等致辞者的姓名,而且应当在姓名前加上"尊敬的"等敬语,姓名后加上"先生"、"女士"等称呼;接下来称呼在座人,应当使用泛称,例如,"女士们,先生们",前面可以加上"尊敬的"等敬语。由答谢者自己举行的答谢宴会或告别仪式上所致的答谢词,一般使用统称,前面可以加上"尊敬的"等敬语。

(1)致辞的内容根据答谢对象的不同有所区别。如果答谢他人的招待,一般首先对主人的热情招待表示诚挚的谢意;其次,重点对宾主之间的关系、交往、友谊等进行回顾;最后,对主人的未来表达良好的祝愿并再致谢意等。

(2) 如果答谢他人的帮助,一般首先对答谢对象的帮助表示诚挚的谢意;其次,重点叙说对方给予帮助的具体事实和积极作用;最后,再对答谢对象表达谢意并表示自己的决心等。答谢一定要让答谢对象感到谢由心生,受之坦然。

致辞结束一般说一两句简洁的致谢语或祝颂语。

四、祝酒致辞的基本表达方法

致辞首先要得体地称呼致辞对象。如果致辞对象是集体,应当使用统称,例如,"女士们,先生们",前面可以加上"尊敬的"等敬语。如果致辞对象是个人,应当在姓名前加上"尊敬的"等敬语,后面加上"先生"、"女士"等称呼。大多数情况下是上述两种情况的综合,这时要先称呼个人,再称呼集体。称呼的顺序一般是先外后内,先高后低,先女后男,先疏后亲。

致辞内容首先表达致辞者的心情,即对致辞对象表示欢迎、感谢、问候等,这时一般要交代致辞的原因、致辞人代表谁。如果致辞对象中有外宾,则要把欢迎或感谢外宾的内容放在前面。接下来用饱含感情的笔墨叙写有关的具体内容,例如,访问的意义、聚会的目的、双方的友谊、彼此的合作、真诚的希望、美好的祝愿等。祝酒致辞的内容必须与致辞对象有密切关系,或是他们所关心的问题。

致辞最后通常以"我提议为……干杯!"结束致辞。

附录C 商务谈判的语言艺术

一、商务谈判语言的基本类型

1. 商务语言

商务语言是商务谈判的主体语言之一，即有关商务谈判内容的一些术语，这些术语简明专一，不容置疑。在不同的国土、民族之间进行交易时增加共同语言的有效办法之一，就是将商业习惯用统一的定义和词语来表达，甚至将其符号化、规格化而使之具有通用性、专一性。

2. 法律语言

法律语言也是商务谈判的主体语言之一，即指谈判业务内容所涉及的有关法律的规定用语。不同的谈判内容有不同的法律语言，它涉及洽谈的每一个议题的定义及条件的确立，不能随便解释使用。法律语言具有法定的强制性、通用性、刻板性的特征，可以使谈判双方的权利与义务等更明确。

3. 文学语言

文学语言具有优雅、诙谐、生动等特点，极富感染力，在商务谈判中常常是即兴使用，没有一定之规。一个谈判者如果具有较深的文学功底，而且能在谈判桌前恰当运用，必然会产生强烈的感染效果。比如，用季节变化的特征来形容谈判的气氛："虽然已是寒冬，但我们的谈判却有如在春天一般。"

4. 外交语言

外交语言是一种弹性语言，具有表达中的模糊性、圆滑性和缓冲性的特征，在商务谈判中如能合理使用外交语言，容易给人以高雅感、尊重感，并且使进退有余地，有利弄清问题。在商务谈判中恰当运用外交语言能充分反映谈判的气氛、态度、进退等，比如，"愿我们的工作能为扩大双方合作做出贡献"等。

5. 军事语言

军事语言具有坚定、自信、干脆、简明等特点，具有一种勇往直前的英雄气概。在商务谈判中伺机正确运用军事语言，在心理上能够起到振奋精神、打击对手的作用，也容易创造决战的气氛，进而加速谈判进程，比如，"不要绕圈子，请回答我这个问题"等。

二、商务谈判语言的运用原则

1. 互利原则

成功的商务谈判是一个双方合作的过程，是一个双方追求共同利益的过程，理想的谈判结果是强调互利，共同获益。坚持互利原则，就要求双方以合作者的态度对待谈判，这是商务谈判成功的基础。在商务谈判的语言交流过程中，双方都站在各自的角度上表明自己的观点与需要，并且通过反复磋商来逐步缩小差距，扩大共同点，使双方观点和认识逐渐趋于一致乃至最终达成协议。

2. 诚信原则

进行商务谈判，应该做到以诚实取信于人，而且越能做到坦诚相见，就越容易加深彼此的了解与理解，消除分歧，达成共识。所以在语言表达过程中，就应该注意谈话的分寸与火候，做到交流中能够坦诚直率，不采用欺骗性手段。坦诚直率不是不讲究策略地和盘托出，而是有的放矢地如实表达，同时对于对方所提出的问题等也能以坦诚的态度给予回答。任何急功近利式的欺骗性语言都会埋下失败的隐患。

3. 尊重原则

商务谈判的双方因为相互需要坐到一起，但又为各自利益唇枪舌剑，但在激烈的商务谈判中，谈判者必须自始至终坚持尊重原则，在语言使用上始终不忘尊重对方，以礼相待，不能失口于人，恶语相加；必须认真推敲，仔细琢磨，尤其要做到人事分开，对事不对人。在语言表达中尽量少用或者不用那些极端性的语言、挑衅性的语言、催促性的语言、感协性的语言等。

4. 准确原则

准确应该是商务谈判语言运用的一个最基本的原则。双方在商务谈判的过程中往往要明确各自的责任与义务，协商条款，签署协议，准确运用语言更显重要。准确原则要求商务谈判者在语言表达上要有针对性，针对谈判具体内容和对手等；要求使用规范化语言，不说方言、俗语、行话、黑话等；要求在表达中条理清晰、简洁明快等。商务谈判语言讲究灵活性、技巧性等，但必须以准确为基本要求。

三、商务谈判语言的基本技巧

1. 陈述技巧

(1) 陈述的基本要求

清晰准确。陈述时不要拐弯抹角，不要陈述那些与谈判主题没有关系的意见，不要复述一些无关紧要的事情，否则容易引起对方的反感。

流畅大方。谈判者必须培养并运用良好的语言习惯，陈述时力戒那些吐舌挤眼、结巴口吃、语不断句、嗓音微弱、大声吼叫等不良习惯。

中性客观。陈述时要避免采用那些偏激的、主观的、粗俗的、分歧的语言，要力戒采用黑话、粗话、俗话中可能引起不雅的词。

独立陈述。陈述时要独立地阐述，不要受对方情绪的影响，但应该随时注意对方的反应，尽量利用对方的注意力集中的时间把重要问题阐述清楚。

注意调整。陈述时要做到张弛有度，并视情随时调整陈述的方式与内容。还要注意运用某些行为语言，如友善的表情、适当的沉默等的配合。

(2) 陈述的入题技巧

迂回方法入题。即为避免入题直露而影响谈判气氛,采用迂回曲折的方法入题。比如,先介绍一下己方谈判人员的情况,先向对方表达己方谦虚之意,先谈一些谈判内容之外的某些中性话题等。

具体议题入题。大型的商务谈判往往是由具体的一次次的谈判组成,在每一次具体的谈判会议上,双方可以首先协商确定本次商议的具体议题,然后从这一具体议题入题洽谈。

原则问题入题。大型的商务谈判需要洽谈的内容很多,双方高级谈判人员不可能介入全部谈判,需要组成若干个等级进行多次谈判,这种情况宜采用先谈原则问题再谈细节问题的方法入题。

细节问题入题。即围绕谈判的主题,先从细节问题入题,等待各项细节问题都谈妥以后,原则性的协议就会水到渠成了。

(3) 陈述的岔题技巧

岔题注意事项。一是要隐蔽,即要自然而然、不知不觉地离开原来话题;二是要邻近,即有一定的范围限制,不能相距甚远;三是要及时,即一个话题刚被提出还尚未展开,就机敏地岔开;四是超越,即岔出的新话题要超出原来的话题,才能收到良好效果。

岔题常见方法。一是利用好奇之心。利用人们普遍的求新好奇心理,提出一个更新更有趣的话题,把对方吸引过去进而达到岔题的目的。二是利用眼前景物。利用谈判特定环境中的人、事、物来达到岔题的目的,如天气、陈设、服饰、声音等均可巧妙利用。三是利用语音语义。例如,汉语言的一词多义如果运用的巧妙的话,就可能岔开对己方不利的话题;另外,汉语语言的同音异义词以及相近概念的转换等可以造成口语传达的含混性而巧妙地岔题。

(4) 陈述的专题技巧

察言观色。在谈判过程中,如果遇到进退两难的问题,乃至出现僵局,就要善于察言观色,将话题转到对方感兴趣的事情上来,以缓和气氛。

化解被动。在谈判过程中,如果己方暂时处于被动地位,不可纠缠于原话题,要适时转换话题,也可从新的话题上向对方进攻,变被动为主动,但必须要注意以理服人,以礼待人。

转移回避。在谈判过程中,有些问题可能不便于直接表态,或者不想把事情弄僵,必要时来个答非所问,转移回避一下可能也是个好办法。

2. 提问技巧

(1) 提问的基本要求

因时提问。掌握好提问的时机,有助于引起对方的注意,掌握主动权。一般要在对方发言结束后提问,在对方发言的间隙时提问,在自己发言前后提问。如果事先商定好了具体辩论时间,则应该在确定的辩论时间里提问。

因事提问。比如有关重要的问题,就要在事先准备好提问的条件、措词、由谁提问等,并设想对方的几种答案,针对这些答案设计好己方的对策。再如,新话题的提问,不应该在对方对某一个问题谈兴正浓时提出。

因人提问。参加谈判人员的情况不尽相同,因此在提问时要考虑对方的年龄、职业、性格、气质、身份、知识广度、文化背景、生活经历等因素,由此决定在提问中是否要率直、简洁、含蓄、委婉、诙谐、幽默、随意、周密等。

因地提问。谈判类型丰富，场合各异，提问时要考虑主座谈判、客座谈判、官方谈判、民间谈判等因素。再具体些，比如，在辩论性场合要先用试探性提问证实对方意图，再用直接性提问方式；而在非辩论场合，则以客观的陈述性语言提问为宜。

巧妙提问。提问时，首先要对语言进行合理组织，诸如语序及结构的变换等，从而使听者产生语意判断上的错觉并进行积极的呼应，减少对抗、戒备等不良反应。其次，提问时要特别注意简明扼要，切忌罗嗦冗长，如果是敏感问题，则需注意委婉提出。

(2) 提问的常用类型

封闭式提问。即在一定的范围内引出肯定或者否定的答复，如“您是否认为售后服务没有改进的可能？”

开放式提问。即在广泛的领域内引出广泛的答复，一般无法用“是”或“否”等简单字句答复，如“您的看法是……”

证实式提问。即针对对方的答复重新措词，使对方证实或者补充原来的答复，如“根据您的陈述，我理解……是这样吗？”

引导式提问。即对答案具有强烈的暗示性，使对方几乎没有选择的余地，只能产生与提问者观念一致的反应，如“在交货时，难道我们不考虑入境的问题吗？”

选择式提问。即将己方意见说明，让对方在划定的范围内选择，在使用时要注意委婉得体，如“只有今天可以，您说上午还是下午？”

借助式提问。即借助权威的力量（如当事人了解并能对其产生积极影响的人或者机构等）去影响谈判对手，如“我们请教了某某顾问，对该产品的价格有了较多的了解，您可否考虑再降低一些？”

探索式提问。即针对双方所讨论的问题要求进一步引申或者说明，以便挖掘更多信息，并显示己方的重视，如“我们负责运输，贵方在价格上能否再考虑考虑？”

婉转式提问。即在尚未摸清对方虚实的情况下，在适当的场合或者时机婉转提问，避免出现尴尬难堪，自然地探测对方虚实，如“这种产品的功能还不错吧？您能评价一下吗？”

协商式提问。即为了使对方同意己方观点，尽量采用商量的口吻向对方提问，这种方式很容易被对方接受；即使对方未能接受，也能使气氛保持融洽，如“您看这样写是否妥当？”

3. 回答技巧

(1) 回答的基本要求

简明易懂。无论采用何种策略，使用何种技巧，谈判中回答对方所提的问题应该尽量使用简明的句子和易懂的概念，要最大限度地使人理解，这应该是最基本的要求。

有理有据。在谈判中对于一般的问题，要依据有理有据有利的原则回答，避免使用威胁蔑视的口气回答。而对于一些特别的问题，则要通过恰当的技巧来回答。

礼貌拒绝。谈判中可能会遇到一些不值得回答的问题，也可能会遇到对方的要求有损己方利益，应该礼貌地拒绝，或者采取一些巧妙而委婉的方式拒绝，而不能因回答不当使双方陷入紧张状态。

(2) 回答的常见技巧

避正答偏。即故意避开对方问题的实质,将话题引向歧路,以破解对方的进攻,常用来对付一些对己方不利的问题。

模棱两可。即对对方提出的一些很难答复或者不方便确切答复的问题,可以采取留有余地的方法答复,如对回答的前提加以修饰和说明。

以问代答。即对对方提出的一些一时难以回答或者不想回答的问题,通过"反踢皮球"的方式让对方在反思中自己寻找答案。

巧用反问。以问代答的一种特例,具有较强的反击性,用反问法来回答对方的异议,能够迫使对方自己回答所提出的问题。

答非所问。即对对方提出的问题不想回答或者不便回答,但所处情境又不能不做回答时而采取的一种行之有效的答复。

将错就错。即对方对己方的答复做了错误的理解,而这种理解又有利于己方,在这种特定情境下可以将错就错,因势利导。

借故拖延。即对对方提出的问题采用资料不全或者需要请示等借口来拖延答复,实际是一种缓兵之计,并不拒绝回答。

不做回答。谈判者有回答问题的义务,但并等于必须回答每一个问题,例如,对某些确实不值得回答的问题可以礼貌拒绝,对某些陌生问题不用强做回答。

4. 说服技巧

(1) 说服的基本要求

奠定说服基础。即努力创造或者改善与对方的人际关系,使之向着良好的方向发展。当对方考虑是否接受另一方的说服之前,他会先衡量彼此之间的熟悉程度和亲善程度,也就是说是否存在相互信任的基础。如果对方的情绪处于对立状态,就不可能接受另一方的说服。所以谈判者必须以自己的言行来表明对对方的尊重,取得对方的信任,使说服具备良好的人际关系基础。

把握说服时机。准确把握说服的时机,也是对对方尊重的表现。比如,当对方情绪激动时不要进行说服,当对方的思维方式处于极端定势时不要进行说服,当有特殊的人物在场时不要进行说服等。如果不顾时机贸然说服,可能会使对方情绪更加不稳定,或者使对方产生逆反心理,或者使对方感到丢面子等,这不但不能有效说服,反而会使事情走向反面。

使用诚挚言词。在谈判中进行说服时要努力寻求并强调与对方立场一致的地方,求大同存小异。谈判者应该诚挚地向对方说明,既讲明接受己方意见后对方将得到什么样的益处,己方将得到什么样的益处;也讲明接受己方意见后对方会有什么样的损失,己方会有什么样的损失。这样会使对方感觉己方态度是真诚的,意见是客观的,会提高对方接受的可能性。

(2) 说服的技巧要领

先说利再讲弊。趋利避害是人的本性,先说利就是迎合这种本能需要,激发对方的兴趣与热情。另外,由于人有先入为主的思维定势,被说服者往往注重获得的第一信号,所以先说利再讲弊,会使对方做出利大于弊的判断。

强调利益一致。谈判包含着冲突与合作的多重因素,合作是对方利益一致性的加强手段,双方通常是在互相合作、各受其利的基础上达成协议的。尽可能地强调双方利益的一致性与互惠互利的可能性,比强调利益的差异性更易提高对方接纳的可能性。

满足基本要求。商务谈判中,注意适当满足对方的基本要求,是使说服成功的一个有效的方法。如果在对方关心的问题上多下些工夫,就可能使对方更易接受己方意见,比如先透露一个使对方好奇而且感兴趣的信息,然后再设法满足对方的需要。

注重首尾两端。一般情况下,听者比较容易记得对方所说的开头和结尾两个部分,中间部分一般不容易记清楚,这是在谈判说服中必须要注意的。结尾部分要比开头部分更能给听者留下深刻印象,另外与其让对方做结论,不如先由己方清楚陈述出来。

四、商务谈判语言的表达策略

1. 诱导策略

(1) 诱导对方暴露真实信息

在商务谈判的开始阶段,对己方情况不能轻易亮出底牌,而对对方的情况则要想方设法让其暴露。所以,谈判者一般不要急于先行表态,可以让对方对于数目、期限、价格、条件等问题试提一下,既表示对对方的尊重,又能从对方的言语中了解其心理。

(2) 诱导对方接受己方意见

谈判者诱导对方接受己方意见,侧重于利益诱导,通过巧妙诱导,让对方相信己方的意见将给他带来最大的利益,进而接受己方意见。当然这种利益既可以是钱财,也可以是声誉、机会等。

2. 让步策略

(1) 不做快速让步

商务谈判中,让步往往是一种互动性行为,因为只有己方的让步,才能换来对方的让步,而且任何一场成功的谈判都是在双方做出一定程度的让步后才达成协议的。但是,必须注意不能太快让步,因为双方等得越久,就会越珍惜获得的让步,而不至于得寸进尺。

(2) 不做等幅让步

商务谈判中,不要给予对方等幅的让步,这也是不必要的。如果对方要求让步30%,则己方可让步20%,不可一下满足对方要求,一般要先松后紧。同时要注意,在做出小于对方要求幅度的让步时,应当强调和渲染让步的困难,给对方以做出很大牺牲的感觉。

(3) 不做无谓让步

商务谈判中,每一次的让步都要使己方从对方那里获得某些相应的回报,不能轻易让步,更不能无谓让步。但在一些细小或者枝节问题上可首先主动让步,以退为进;尤其在某些时候,己方并未做实质性的让步,对方却感觉到了己方的让步,这会使谈判有进展。

3. 化解僵局策略

(1) 直接办法

比如,运用例证支持,即运用大量真实的例证来证明己方意见,尤其是权威部门的文件、规定以及市场先例等均可作为例证;绕过实质分歧,即避开双方争执不下的问题,去讨论容易达成一致意见的问题,改善和创造谈判气氛,使谈判能够进行下去等。

(2)间接办法

比如,巧妙弱化对方反对意见,即先以看似强调的口气把对方的反对意见复述一遍,然后再逐步弱化这种意见,在复述时可在语言形式上做些调整;借用对方理由说服对方,即将对方反对意见中那些有助于、有利于己方的部分提出来,用来说服对方改变看法等。

五、商务谈判语言的技法示例

1. 直言坦陈法

在商务谈判中,心诚意笃、直抒胸臆的直言坦陈方式能够让对方感到己方的诚意、认真和负责,能够创造良好的谈判氛围以促使协议的达成。

例如,数十年前,某公司在第一次制造电灯泡时,董事长亲自到各地去做旅行推销。在一次各地代理商会议上,董事长在介绍完新产品情况后,说了一段举座皆惊的大实话:“经过多年来的苦心研究和创造,本公司终于完成了这项对人类有很大用途的产品。虽然目前它还称不上是一流的产品,只能算是二流的产品,但是,我们要拜托在座的各位,以第一流产品的价格向本公司购买。”在座的代理商不禁哗然,满是疑惑,要求董事长说说理由。董事长接着说道:“大家都知道,目前制造电灯泡可以称为一流的,全国只有一家而已。因此,从这个角度说,他们算是垄断了整个市场。即使他们任意抬高价格,大家也仍然要去购买。是不是?如果这时有了同样优良的产品,但价格便宜一些的话,对大家来说不是一个福音吗?否则人们只能置于垄断价格的阴影之下。”董事长接下来用拳击比赛作比,并称自己来充当另一位拳王:“为什么目前本公司只能制造第二流的灯泡呢?这是因为本公司资金不足,无法在技术上突破。如果各位肯帮忙,以一流产品的价格来购买本公司二流的产品,这样,我就会得到较丰厚的利润。我把这笔资金用于技术改造上,相信不久的将来,本公司一定可以制造出一流的产品来。这样,灯炮制造就等于出现了两个拳王,在彼此的激烈竞争下。品质必然会提高,价格也会降低。到了那个时候,对大家都有利。但愿大家不断地支持,帮助本公司渡过难关。因此,我再次希望各位能以一流产品的价格,来购买这些二流的产品。”董事长一席肺腑之言产生了极大的反响,赢得了大家支持,结果这家公司也不负众望,一年后制造出第一流的产品并推向了市场。

2. 隐言暗示法

在商务谈判中,谈判者考虑到双方关系和自己的需要,往往把那些不便、不能和不想明说出来的话用隐蔽方暗示出来,让对方听出话外之音。

1991 年,上海净佳日用化工公司与一个日本商人谈判进口一种高效杀菌无磷洗衣粉及技术转让的问题。日商极力回避技术转让问题,总是强调让净佳公司从日本进口洗衣粉。净佳公司看出了日商的意图,便改变战术闭口不谈技术转让问题。过了一段时间,日商觉得有些不对劲儿,就有意地再次提起技术转让问题,结果净佳公司却显示出没有多大兴趣了,而开始在洗衣粉的进口价格上大幅度压价,并提出许多要求。在激烈的讨价还价中,净佳公司的代表透露了美国一家化工公司无磷洗衣粉的报价,作为说明日商报价过高的一个理由。结果日商沉不住气了,对方在技术转让问题上不愿和我们交谈了,是不是要考虑与美国人合作呢?于是日商再一次主动提起技术转让问题,并表示只要净佳公司按日方价格购买一定数量的洗衣粉就可以同时转让技术,至于转让费好说。净佳公司代表则顺势大谈技术转让的具体问题,并进一步强化隐言,在插进的题外话中出现了"美国人更大方"的语句。结果日商乱了阵脚,大谈其技术的优越性,生怕生意被人抢去。最后净佳公司以较低的价格进口了一批无磷洗衣粉,因为公司已得知国产的无磷洗衣粉很快就会问世,谈技术转让只是一个筹码,而有关美国人的说辞则纯粹是一种隐言暗示。

3. 适度赞美法

在商务谈判中,在说服对方之前,先用真诚的赞美去引起对方的好感,使之心情愉悦,认为自己受到肯定,这样就为谈判双方缩短距离、密切关系、和谐沟通打下了良好基础。

美国华克公司在费莱台尔亚承包修建了一座办公大楼,整个工程就要进入装修阶段了,负责大楼外部装饰铜器的工厂却通知不能按期交货,将使公司蒙受巨大经济损失。公司通过长途电话多次交涉均遭到拒绝,最后公司决定派高伍先生前往纽约与该工厂谈判。高伍先生从一见到工厂经理就开始称赞对方:"你知道你的姓名在勃罗克林是独一无二的吗?"经理诧异:"不知道。"高伍先生说:"哦,我今天早上下了火车,查电话号码簿找你的时候,发现整个勃罗克林只有你一个人叫这个名字。"经理很高兴:"我从不知道。嗨,这真是不寻常的姓名。我的家庭是二百多年前从荷兰迁到纽约的。"接着他就开始谈论他的家庭和祖先。等他说完,高伍先生又恭维他拥有一个这么大的工厂,并说:"这是我见过的最清洁的一个铜器工厂。"经理更加高兴:"我用一生的精力经营这项事业,我为它自豪。"并表示愿意带高伍先生参观工厂。在参观过程中,高伍先生夸奖工厂的构造系统,并向他说明比其他工厂好在哪里,又夸奖了几种特别的机器,经理自豪地告诉高伍那是他自己设计的。经理给高伍介绍了产品,又坚持请高伍吃午饭,吃完饭,他说:"没想到我们的交往会是这样愉快,你可以带着我的许诺回费莱台尔亚去。即使其他的工程拖延,我也会保证把你们的工程按期交货。"高伍先生对经理的称赞满足了其心理需要,自然也得到了满意的回报。

4. 酌情激将法

在商务谈判中,谈判者根据具体情况,通过一定的语言手段来刺激对方,激发对方的某种情感,使之发生情绪波动和心态变化,并使这种波动和变化朝己方所预期的方向发展。

A 橡胶厂进口一整套现代化胶鞋生产设备,因原料与技术跟不上而搁置三年无法使用,新任厂长决定将生产设备转卖给 B 橡胶厂。在了解 B 厂的重要情况后,A 厂厂长亲自与 B 厂厂长谈判。A 厂厂长说:"昨天我在贵厂转了一整天,详细了解了贵厂的生产情况,你们的管理水平确实令人信服。你年轻有为、能力非凡,真使我钦佩,可以断言,贵厂在你这位精明厂长的领导下,不久一定可以成为我国橡胶行业的一颗明星!"B 厂厂长说:"老兄过奖了!我年轻无知,恳切希望得到老兄的指教!"A 厂厂长说:"我向来不会奉承人,实事求是嘛。贵厂今天办得好，我就说好，明天办得不好，我就会说不好。"B 厂厂长说："老兄对我厂的设备印象如何？不是说打算把你们进口的那套现代化胶鞋生产设备卖给我们吗？"A 厂厂长说："贵厂现有生产设备，在国内看是可以的，至少三五年内不会有什么大的问题，关于转卖设备之事，昨天透露过这个想法，在贵厂转了一天后，想法有所改变了。"B 厂厂长说："有何高见？"A 厂厂长说："高见谈不上，只是有两点疑问：第一，我怀疑贵厂是否真有经济实力来购买这样的设备；第二，我怀疑贵厂是否有或者说能否招聘到管理操作这套设备的技术力量。所以，我并不像原先考虑的那样，确信将设备转卖给贵厂，能供贵厂三年之内青云直上。"B 厂厂长听后觉得受到了轻视，十分不悦，就不无炫耀地向 A 厂厂长介绍本厂的经济实力和技术力量，表明有能力购进并管理操作 A 厂这套价值 200 万元的设备。经过一番周旋，A 厂成功将"休养"了三年的设备转卖给了 B 厂。

5. 曲线进攻法

在商务谈判中，谈判者不直接说出想要表达的内容，而是先绕个弯子谈些貌似与主题无关的，但却能令对方感兴趣、又与主题有潜在联系的话题，层层做好铺垫，再一步步引入正题使对方接受，尤其当谈判陷入僵局时更易奏效。

美国某家电气公司的韦普先生在与一位农场主谈用电业务时，受到了很不友好的接待。农场主的夫人布拉德太太只把门打开一条缝，韦普先生刚介绍自己的身份，布拉德太太就态度生硬。韦普先生便及时调整整策略，采用绕弯子的曲线进攻法。韦普先生对布拉德太太说："很对不起，打扰您了。我访问您，并不是为了电气公司的事，只是向您买一点儿鸡蛋。"布拉德太太的态度缓和了一些，把门也开大了一点儿。韦普说："您家的鸡长得真好，看它们的羽毛多漂亮，这些鸡大概是多明渥克种吧？能不能卖给我一些鸡蛋？"布拉德太太把门又开大了一点儿说："你怎么知道是多明渥克种的鸡？"韦普说："我也养了一些鸡。像您养的这么好的鸡，我还是头一回看到。我养的是来亨鸡，只会下白蛋。夫人，您知道，做蛋糕用黄褐色的蛋比白色的蛋好。我太太今天要做蛋糕，所以我就到您这儿来了……"布拉德太太越听越高兴，就从屋里走了出来。韦普趁机观察了一下周围环境，发现农场有整套的制奶酪设备，于是接着说："夫人，我敢打赌，您养鸡赚钱肯定比您先生养乳牛赚得多。"布拉德太太非常高兴，因为她长期以来一直想让别人知道这件事。她把韦普请进门，并带他参观鸡舍，边参观边向韦普讲授养鸡的好处。两人亲切交谈，成了朋友。两个星期后，韦普接到了布拉德太太的用电订单。

6. 以弱胜强法

在商务谈判中，当对方激情饱满地侃侃而谈，大有一触即发之势时，谈判者则向对方示弱，采取一种"钝"的战术，有时会狠狠地挫败对方攻击的气势，使之丧失穷追不舍的勇气，进而赢得主动。

三个日本商人代表日本航空公司和美国一家公司谈判。从早上八点谈判一开始，美方代表就完全控制了局面，他们利用手中充足的资料向三个日本人开展了强大的攻势，如通过屏幕向日本人详细地介绍、演示各式图表和计算机计算结果。三个日本人则一言不发地静静地坐着。两个半小时过去了，美方代表关掉放映机，开亮电灯，满怀信心地询问三个日本人："怎么样？"这时，一位日本人面带微笑，彬彬有礼地回答："我们不明白。"美方代表一惊："不明白？什么地方不明白？"另一位日本人回答："都不明白。"美方代表再也沉不住气了："从哪里开始不明白？"第三位日本人慢条斯理地回答："从你将会议室的灯关掉开始。"美方代表一下子不知所措："你们要怎么办？"三个日本人异口同声地说："请你再说一遍。"美方代表至此彻底泄了气，再也没有兴趣和勇气重新上演那两个半小时的介绍过程。最后美方代表只得放低要求，不计代价，只求达成协议。三个日本人在美方代表有备而来、盛气凌人的情况下，以示弱的方式宣称自己什么也不懂，反倒扰乱了对方阵脚，大获成功。

参考文献

1. 陈秀泉.实用情境口才——口才与沟通训练[M].北京：科学出版社,2007.
2. 卢海燕.演讲与口才实训[M].大连：大连理工大学出版社,2009.
3. 周璇璇.实用社交口才[M].北京：北京大学出版社,2008.
4. 杨忠慧.实用口才[M].合肥：合肥工业大学出版社,2005.
5. 孟婷婷.交际语言技巧[M].北京：中国林业出版社,2009.
6. 周彬琳.实用口才艺术[M].第二版.大连：东北财经大学出版社,2006.
7. 段文杰,张美娟.实用口才[M].北京：科学出版社,2007.
8. 朱彩虹.大学生实用口才训练教程[M].北京：清华大学出版社,2010.
9. 吴燕,贺香辉.商务礼仪与口才实训[M].广州：广东经济出版社,2008.
10. 马一.聪明人会说漂亮话[M].北京：中国长安出版社,2010.
11. 高阳.48种社交场合绝妙辞令[M].南京：江苏人民出版社,2005.
12. 老哈.完美求职设计[M].天津：天津人民出版社,2005.